Dolce vita mit Dolci

»Dolce« heißt auf deutsch süß und gleichzeitig
Dessert. Wie gut, daß wir von unseren südlichen
Nachbarn gelernt haben, das süße Stück
Lebensfreude öfters zu genießen. Tirami su gehört
ja inzwischen zu unseren Lieblingsdesserts, und vor
zehn Jahren war es noch ganz unbekannt bei uns.
Und Panna cotta schickt sich an, die Nachfolge
anzutreten. Es gibt aber noch eine große Auswahl
an italienischen Desserts, die es verdienen, probiert
zu werden. Vielleicht finden Sie einen eigenen neuen
süßen Favoriten in der Sammlung, die ich für Sie
zusammengestellt habe.

Die Farbfotos gestalteten
Odette Teubner
und Kerstin Mosny.

Süßes mit Tradition

Etwas Süßes als Abschluß eines schönen Essens ist bei unseren südlichen Nachbarn ein Muß, und wenn es »nur« frisches Obst ist. Ohne »Dolce« fehlt das Gedicht der Küche, der lyrische Abschluß eines Menüs, wie es so schön in einem Sprichwort heißt.

Selbst wenn das Essen noch so üppig war, für ein »Dolce« ist immer noch Platz. Es ist der Glanzpunkt und die Krönung eines Menüs. Nichts um satt zu werden, nein, Dessert ist Luxus, Lust und Lebensfreude. Sollte man sich nicht täglich ein wenig davon gönnen? Die Italiener tun es. Ein Beispiel, dem wir folgen sollten.

Mit ihrer vielfältigen Küche waren sie schon immer Meister in der Herstellung leckerer Süßspeisen. Jede italienische Hausfrau verfügt über ein beachtliches Repertoire an Dolci-Rezepten. Wobei jede Gegend wieder ihre eigenen Spezialitäten hat, die seit Jahrhunderten überliefert sind.

Richtig üppige, aufwendige Desserts gab es früher allerdings hauptsächlich zu Fest- und Feiertagen. Wer kennt nicht den Weihnachtskuchen Panettone? Die Cassata gab's früher in Sizilien nur an Ostern und zu Hochzeiten. Das hat sich aber inzwischen geändert, und so gönnt man sich den süßen Luxus auch mal zwischendurch.

Die Vielfalt der Desserts ist so groß, daß für süße Abwechslung immer gesorgt ist. Ob zarte Cremes, Puddings, Früch-

Solch ein üppiges Dessert-Buffet, wie es mancher »Italiener« auch bei uns anbietet, kann einem die Wahl ganz schön zur Qual machen.

tedesserts, Kuchen, Plätzchen, die zum Kaffee gereicht werden, oder die unübertroffenen »Gelati« – italienische »Dolci« sind immer eine süße Sünde wert!

Italienisch für Süßschnäbel

Ich habe Ihnen eine Auswahl zusammengestellt. Es sind Rezepte, die nicht zu aufwendig sind und für die Sie die Zutaten ohne Mühe auch bei uns bekommen oder die Sie wie angegeben ersetzen können.

Hier eine kleine Aufstellung der italienischen Ingredienzen:

Amaretto ist ein Likör auf der Basis von Bittermandelextrakten und anderer Fruchtkerne. Der Alkoholgehalt beträgt etwa 28%. Er wird zum Aromatisieren und Tränken von Biskuit verwendet.

Amaretti sind Makronen aus Mandeln mit leichtem Bittermandelton. Sie werden in Torten mitgebacken oder zerbröselt und in Cremes gerührt. Man reicht sie aber auch gerne zum Kaffee. Das Rezept finden Sie auf Seite 44. Sie können sie auch fertig beim »Italiener« kaufen.

Campari ist ein Aperitif aus Kräuterdestillaten mit Bitterton. Wegen seiner leuchtendroten Farbe macht er sich apart in Fruchtgelees.

Grappa ist ein klarer Schnaps aus Trester, den ausgepreßten Weintrauben. Gibt's aus verschiedenen Traubensorten. Hat zwischen 38% und 60% Alkoholgehalt. Wird verwendet in Fruchtsalaten, Eis und Cremes.

Mascarpone ist ein Frischkäse, der ursprünglich in der Lombardei, heute in ganz Italien produziert wird. Er wird hergestellt, indem man Sahne mit Hilfe von Zitronensäure zum Gerinnen bringt.
Die streichfähige, ganz leicht säuerlich schmeckende Creme mit etwa 40–45% Fettgehalt eignet sich hervorragend für Desserts (Tirami su), als Tortenfüllung, aber auch zum Verfeinern von Saucen.
Es gibt ihn jetzt auch bei uns in Supermärkten oder sogar offen in guten Käseläden oder italienischen Fachgeschäften zu kaufen.
Falls Sie ihn doch nicht bekommen, können Sie ihn durch eine Mischung aus 200 g Doppelrahmfrischkäse und 100 g Crème fraîche ersetzen, die Sie gut miteinander verrühren.

Maraschino ist ein dickflüssiger Kirschlikör aus vergorenen Maraschinokirschen. Er wird eingesetzt (mit Maßen!) in Obstsalaten oder zum Tränken von Biskuit. Oder zum Übergießen von Eis.

Maraschino-Kirschen gibt es eingelegt zu kaufen. Sie sind gut in Obstsalaten, aber auch auf Eis oder in Cremes.

Maronen sind die Früchte der Eßkastanie, die vorwiegend in südlichen Gefilden wächst. Ab Herbst gibt es sie frisch, ansonsten in Dosen oder schon zu Püree verarbeitet.

Marsala dolce ist ein Dessertwein aus Sizilien, der Gegend um Trapano. Er wird zu Keksen gereicht und zur Herstellung von Zabaione verwendet.

Ricotta ist ein Frischkäse aus Schafmilch mit etwa 25% Fettgehalt. Er ist kegelförmig, und man sieht an der Außenseite meist das Muster des Abtropfkorbes. Sie können ihn durch gut abgetropften Magerquark ersetzen.

Vin Santo ist ein Dessertwein aus getrockneten Trauben, der in der Toskana hergestellt wird. Da er lange lagern muß und dabei viel Flüssigkeit verdunstet, ist er eine kostbare Rarität. Sie können ihn durch Marsala, eine Beerenauslese oder Cream Sherry ersetzen.

Tips, damit Ihre Desserts sicher gelingen

● Cremes stürzen
Die Formen vor dem Einfüllen immer erst mit kaltem Wasser ausspülen. Vor dem Stürzen mit einer Messerspitze am Rand zwischen Form und Inhalt ent-

langfahren. Dann bei Gelatinecremes die Form kurz in heißes Wasser halten, einen flachen Teller auf die Form legen und die ganze Sache schnell umdrehen.

● Gelatine richtig verwenden
Gelatine gibt es in Blatt- oder Pulverform. Sie wird aus tierischem Eiweiß hergestellt.
– Zunächst weichen Sie sie etwa 5 Minuten in reichlich kaltem Wasser ein. Dann wird sie gut ausgedrückt.
– In heiße (aber nicht kochende!) Masse kann sie danach direkt eingerührt werden.
– Möchten Sie kalte Masse binden, müssen Sie die Gelatine erst auflösen. Am besten geben Sie sie nach dem Einweichen ausgedrückt in eine Schöpfkelle und halten diese in kochendes Wasser, bis die Gelatine flüssig ist. Dann wird sie unter die Grundmasse gerührt.
– Um 1/2 Liter Flüssigkeit zu binden, sind 6 Blatt Gelatine oder die entsprechende Menge Pulver nötig.

Hier wird Gelatine vor dem Einrühren in eine kalte Masse aufgelöst.

5

Kalorien sparen mit Süßstoff?

Desserts sind immer eine große Versuchung und schlagen bei vielen leicht auf die Figur. Wer nicht immer Verzicht üben möchte, kann bei manchen Süßspeisen mit Süßstoff Kalorien sparen.

Streusüße oder flüssiger Süßstoff eignen sich dafür am besten. Einfach entsprechend umrechnen. Wie, das steht meistens auf der Packung.

Zum Backen oder bei aufgeschlagenen Cremes oder Saucen, wo der Zucker als Stabilisator dient, ist es besser, den Zucker nicht auszutauschen, sondern nur zu reduzieren und teilweise durch Süßstoff zu ersetzen.

Lieblingsdessert Eis

Unbestritten das bekannteste aller italienischen Desserts hat in diesem Buch ein eigenes Kapitel verdient. Ob Sie es im Sommer genüßlich aus einer knusprigen Waffeltüte schlecken oder rund ums Jahr zu Hause als Dessert servieren: Eis schmeckt immer.

Schon vor unserer Zeitrechnung sollen Chinesen die ersten Sorbets zubereitet haben. Eine Fertigkeit, die dann durch Inder, Araber und Griechen nach Europa kam. So hat Kaiser Nero sich von Stafettenläufern Schnee aus den Bergen bringen lassen. Daraus bereitete ihm sein Leibkoch mit Kräutern, Honig und Früchten sein Lieblingsdessert, nämlich Speiseeis. Der pure Luxus war Eis auch

Mit einer Eismaschine gelingt die Zubereitung von Eis sozusagen im »Handumdrehen«.

bei uns noch Anfang des Jahrhunderts, und außerdem stand man dieser kühlen Leckerei skeptisch gegenüber. So soll Frau Goethe ihrem kleinen Johann Wolfgang die Eisportion, die ihr ein französischer Leutnant geschickt hatte, vorenthalten haben, weil sie dachte, daß es nicht gut für seinen Magen sei. Sie hätte sich bestimmt gewundert, wenn sie gewußt hätte, daß ihre nachgeborenen Landsleute heutzutage über sieben Liter Speiseeis pro Kopf und Jahr verzehren würden.

Speiseeis, wie wir es heute kennen, wurde erstmals vor etwa 500 Jahren in Sizilien zubereitet. Von dort aus verbreitete es sich und wurde rasch in ganz Italien in Konditoreien angeboten. Bald gingen die cleveren italienischen Eiskonditoren in andere Länder. So eröffnete der Sizilianer Francesco Procopio Coltelli Mitte des 17. Jahrhunderts seine erste Eisdiele in Paris. Von dieser Zeit

an konnte sich jeder, dessen Portemonnaie es erlaubte, an der kühlen Köstlichkeit erfreuen. Denn bis dahin war Eis nur Adeligen vorbehalten, die ihren eigenen »gelatiere« zu ihrem Hofstaat zählten. Heute ist Eis als solches keine Besonderheit mehr, man findet es in der ganzen Welt in Eisdielen, Restaurants und Supermärkten. Etwas besonderes ist es allerdings, wenn's zu Hause selbst zubereitet wird.

Und das ist wirklich kinderleicht. Sie brauchen nur ein Tiefkühlgerät oder ein Drei-Sterne-Kühlfach.

Ob gekauft oder selbstgemacht, grundsätzlich sollte Eis gut eine halbe Stunde vor dem Servieren vom Gefrierfach in den Kühlschrank gestellt werden. Dann kann es sein Aroma besser entfalten und läßt sich leichter in Portionen teilen. Am besten geht's mit dem Eisportionierer, wie er in den Eisdielen verwendet wird. Die Kugeln sehen einfach schön aus. Aber auch mit einem Eßlöffel lassen sich gut Nocken abstechen, die besonders zu Sauce oder Früchten auf dem Teller gut wirken.

Eis in Blockform können Sie gut mit einem Messer in entsprechende Stücke schneiden. Wichtig ist dabei immer: Gleich, womit Sie das Eis portionieren, das Gerät muß immer zwischendurch in Wasser getaucht werden. Ist das Eis doch noch ziemlich hart, empfiehlt es sich, heißes Wasser zu nehmen.

Haltbarkeit und richtiges Aufbewahren

Im Gefriergerät kann Eis bis zu drei Monaten lagern, im Gefrierfach des Kühlschranks nur einige Wochen. Denn wenn Eis ein wahrer Genuß sein soll, dürfen die enthaltenen Fettstoffe nicht ranzig sein, und das passiert leicht, wenn es zu lange lagert. Am allerbesten ist es also, Eis so frisch wie möglich verzehren.

Kleine Sortenkunde

Milchspeiseeis muß einen Anteil von 70% Milch haben, Sahne- oder Rahmeis mindestens 60% Sahne. Dazu kommt bei beiden Arten noch Eigelb und Zucker. Diese Mischung wird dann durch Geschmackszutaten wie Schokolade, Vanille, Kokos und viele andere variiert.

Fruchteiscreme hat auch eine Milch- oder Sahnebasis, die dann durch Fruchtpüree oder Fruchtsaft ergänzt wird.

Fruchteis besteht ausschließlich aus Früchten, Fruchtpürees oder Fruchtsaft und Zucker.

Sorbet bestand ursprünglich nur aus gestoßenem Eis, das mit Fruchtsirup übergossen wurde.

»Sharbate« nannten es die Perser, die es als Erfrischung vor Hauptmahlzeiten zu sich nahmen. Heute wird Sorbet aus Fruchtmark oder Saft hergestellt. Wenn Sie es zu Hause zubereiten, füllen Sie die Masse am besten in eine Metallschale und rühren das Sorbet während des Gefrierens immer wieder mit einem kleinen Schneebesen oder einer Gabel durch, damit sich nicht zu große Eiskristalle bilden. Wer oft und gerne Sorbets ißt, sollte sich eine Sorbetière anschaffen.

Granita, Granité oder Gramolata ist eine Variante des Sorbets. Die Masse wird möglichst so gefroren, daß Kristalle entstehen, und dann zerkleinert. Sie ist aus Fruchtsirup, Getränken wie Kaffee, Champagner oder ähnlichem. Besonders erfrischend ist sie, wenn sie mit demselben Getränk übergossen wird, aus dem sie zubereitet wurde, oder wenn Sie einen Klacks Schlagsahne darauf setzen.

Parfait ist eine besonders reichhaltige Sahneeiszubereitung, die durch Nüsse, Früchte oder andere Aromastoffe ihren Geschmack bekommt. Meist wird sie in Kastenform zubereitet, ist aber auch besonders schön als Gugelhupf.

Selbstgemachtes Eis aus frischem Obst und anderen köstlichen Zutaten wie Schokolade, Kokos, Vanille oder Kaffee schmeckt einfach konkurrenzlos gut.

Panna cotta con salsa di fragole

Gekochte Sahne mit Erdbeersauce

Zutaten für 4 Personen:
400 g Sahne
1 Vanillestange
50 g Zucker
3 Blatt weiße Gelatine
Für die Sauce:
400 g Erdbeeren
50 g Zucker

Für Ungeübte

Pro Portion etwa:
1900 kJ/450 kcal
4 g Eiweiß · 32 g Fett
34 g Kohlenhydrate

• Zubereitungszeit: etwa
2 1/2 Stunden (davon
2 Stunden Kühlzeit)

1. Die Sahne in einen Topf geben. Die Vanillestange längs aufschlitzen und mit dem Zucker dazugeben. Alles aufkochen und etwa 15 Minuten köcheln lassen, dabei immer wieder umrühren.

2. Die Gelatine etwa 5 Minuten in kaltem Wasser einweichen.

3. Die Vanillestange aus dem Topf nehmen. Die Gelatine sehr gut ausdrücken und in der heißen Sahne auflösen.

4. Vier Portionsförmchen mit kaltem Wasser ausspülen und mit der Sahnemischung füllen. Die Sahne etwas abkühlen las-

sen und für etwa 2 Stunden in den Kühlschrank stellen.

5. Für die Sauce die Erdbeeren waschen, von den Stengelansätzen befreien und mit dem Zucker pürieren. Anschließend durch ein Sieb streichen.

6. Vor dem Servieren die gekochte Sahne aus den Förmchen lösen. Dazu mit einer Messerspitze zwischen Creme und Formrand entlangfahren. Die Förmchen kurz in heißes Wasser halten, dann die Creme auf vier Teller stürzen. Mit der Erdbeersauce umgießen.

Bavarese al caffè con arance

Espressomousse mit Orangensalat

Zutaten für 4 Personen:
3 Blatt weiße Gelatine
125 g Crème double
2 Eßl. Zucker
1 Teel. abgeriebene Schale von
1 unbehandelten Zitrone
1 Tasse (125 ccm) heißer starker
Espresso
3 Orangen
2 Eßl. Orangenlikör oder
Grappa nach Belieben
Minze zum Garnieren

Für Gäste

Pro Portion etwa:
990 kJ/240 kcal
4 g Eiweiß · 14 g Fett
23 g Kohlenhydrate

• Zubereitungszeit: etwa
2 1/2 Stunden (davon
2 Stunden Kühlzeit)

1. Die Gelatine in kaltem Wasser einweichen.

2. In der Zwischenzeit die Crème double, den Zucker und die Zitronenschale mit dem Schneebesen des Handrührgerätes in einer Rührschüssel steif schlagen.

3. Die Gelatine gut ausdrücken und in dem heißen Espresso unter Rühren auflösen. Etwas abkühlen lassen und unter die Creme mischen. Etwa 2 Stunden kalt stellen, dabei anfangs mehrmals durchrühren, damit sich die Creme gut mit dem Espresso verbindet.

4. Zwei Orangen schälen und in Spalten teilen (filieren), die dritte auspressen. Den Orangensaft erhitzen und um die Hälfte einkochen. Den Likör dazufügen, die Orangenfilets untermischen und ziehen lassen, bis die Mousse fest ist.

5. Von der Espressomousse mit einem Eßlöffel Nocken abstechen, auf vier Teller setzen und mit dem marinierten Orangensalat umgeben. Mit Minzeblättchen garnieren.

Bild oben:
Panna cotta con salsa di fragole
Bild unten:
Bavarese al caffè con arance

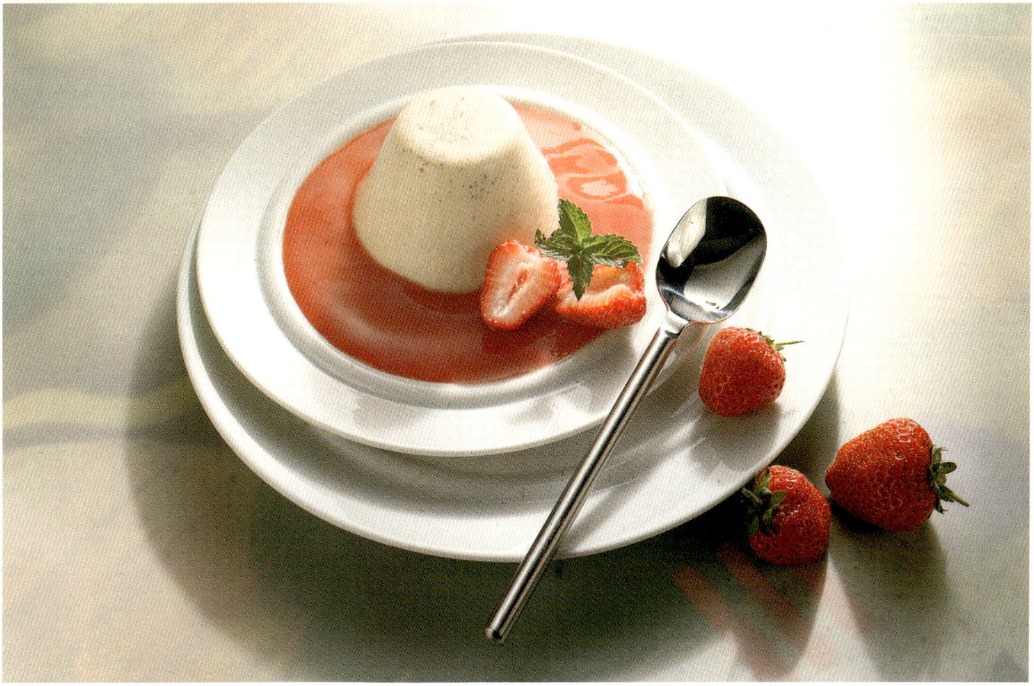

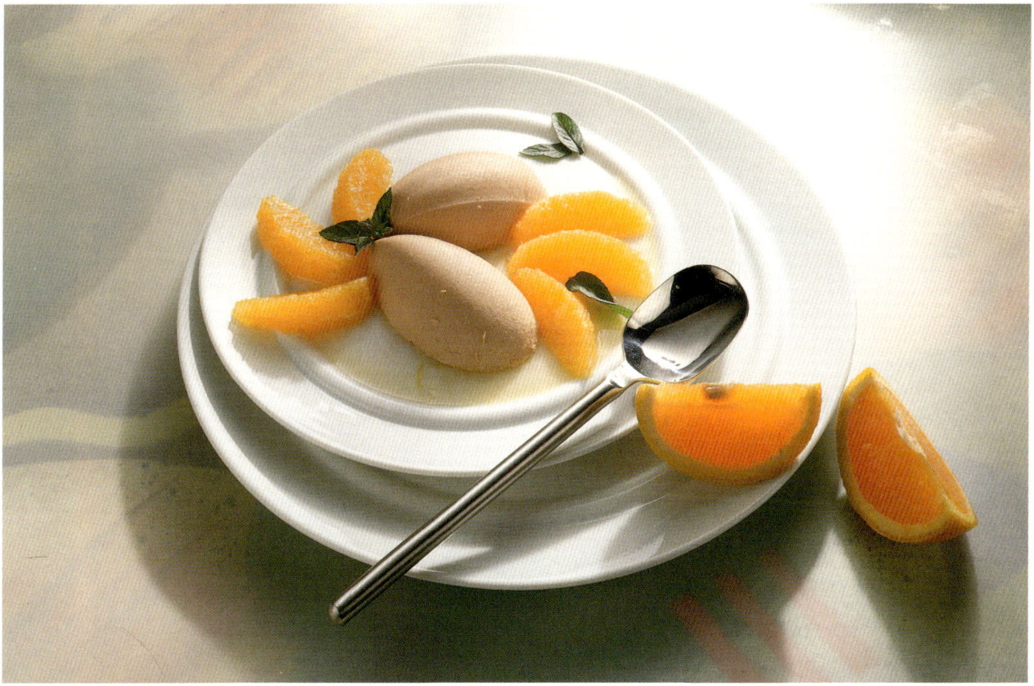

Zuppa inglese

Biskuit-Creme-Dessert

Oft wird das Dessert auch »Zuppa romana« genannt. Wer's gerne etwas üppiger hat, kann für die Creme auch das 1 1/2 fache Rezept zubereiten.

Zutaten für 4–6 Personen:
Für den Biskuit:
4 Eier
120 g Zucker
1 Päckchen Vanillinzucker
1 Prise Salz
50 g Mehl
50 g Speisestärke
Für die Englische Creme:
1/4 l Milch
abgeriebene Schale von
1/2 unbehandelten Zitrone
3 Eigelb
60 g Zucker
200 g entsteinte Trockenpflaumen
200 ccm italienischer Weinbrand
(ersatzweise Traubensaft)
250 g Sahne
1 Teel. Zucker

Berühmtes Rezept

Bei 6 Personen pro Portion etwa:
2400 kJ/570 kcal
10 g Eiweiß · 22 g Fett
66 g Kohlenhydrate

• Zubereitungszeit:
3 1/2–4 1/2 Stunden (davon 2–3 Stunden Kühlzeit)

1. Für den Biskuitteig die Eier trennen. Die Eigelbe, den Zucker und den Vanillinzucker in einer Schüssel mit dem Schneebesen des Handrührgerätes cremig schlagen.

2. In einer zweiten Schüssel die Eiweiße mit dem Salz sehr steif schlagen. Das Mehl mit der Speisestärke mischen und abwechselnd mit dem Eischnee vorsichtig unter die Eiercreme ziehen.

3. Den Backofen auf 190° vorheizen. Eine Springform (24 cm Durchmesser) einfetten, die Biskuitmasse einfüllen und glattstreichen. Im Backofen (Mitte) in etwa 30 Minuten hellgelb backen, dann auskühlen lassen.

4. Inzwischen für die Englische Creme die Milch mit der Zitronenschale aufkochen, dann beiseite stellen.

5. In einer Schüssel die Eigelbe mit dem Zucker wieder zu einer dicken hellen Creme rühren. Die Milch erneut erhitzen und nach und nach unter ständigem Rühren in die Creme gießen.

6. Die Masse in einen Topf füllen, auf den Herd stellen und bei milder Hitze so lange rühren, bis die Creme dicklich wird – aber nicht mehr kochen! Dann im kalten Wasserbad unter ständigem Rühren ganz abkühlen lassen.

7. Die Trockenpflaumen grob hacken. Den ausgekühlten Biskuit quer in drei dünne Böden teilen.

8. Einen Boden in eine Glas- oder Keramikform von 24 cm Durchmesser legen. Ein Drittel der Eiercreme darauf glattstreichen. Ein Drittel der Pflaumen darauf streuen. Einen Biskuitboden darauf legen und diesen mit einem Drittel des Weinbrands tränken. Ein weiteres Drittel der Creme darauf verteilen, mit einem Drittel der Pflaumen bestreuen, den nächsten Biskuitboden darauf legen und mit Alkohol beträufeln. So weiterschichten, bis alles aufgebraucht ist, die oberste Schicht sollte Creme sein.

9. Die Sahne mit dem Zucker steif schlagen, in einen Spritzbeutel füllen und die Zuppa inglese damit dekorieren. Wer mag, streut noch Mandelblättchen darüber. Im Kühlschrank 2–3 Stunden durchziehen lassen.

Variante:

Wer Baiser schätzt, kann die 3 Eiweiß, die bei der Creme übrigbleiben, mit Puderzucker steif schlagen und die Zuppa statt mit Sahne mit dem Eischnee überziehen. Im Backofen (oben) bei 250° backen, bis der Eischnee leicht gebräunt ist.

Eine üppige Versuchung, die am besten auf ein leichtes Hauptgericht oder eine Suppe folgt: Die berühmte Zuppa inglese

Monte bianco

Maronencreme

Am besten schmeckt dieses Dessert im Herbst mit frischen Eßkastanien. Es gibt aber auch geschälte Kastanien in der Dose oder, wenn's ganz schnell gehen soll, schon fertiges Püree.

Zutaten für 4 Personen:

500 g frische Maronen (Eßkastanien)

1 Prise Salz

200 ccm Milch

1 Vanilleschote

100 g Zucker

250 g Sahne

etwas Zimtpulver zum Bestäuben

Braucht etwas Zeit
Berühmtes Gericht

Pro Portion etwa:
2100 kJ/500 kcal
6 g Eiweiß · 23 g Fett
66 g Kohlenhydrate

• Zubereitungszeit: etwa
  2 1/2 Stunden

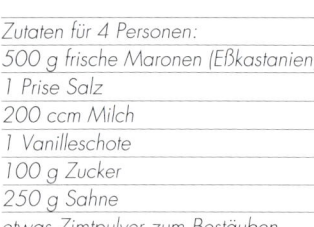

1. Die Maronen mit einem scharfen Messer an der spitzen Seite kreuzweise einschneiden und nebeneinander auf ein Backblech setzen.

2. Das Blech in den Backofen (Mitte) schieben und den Backofen auf 250° einstellen. Die Maronen etwa 30 Minuten rösten.

3. Die Maronen herausnehmen und sofort schälen. Wenn sie abgekühlt sind, geht es schwerer. Anschließend die feinen Häutchen sorgfältig entfernen.

4. Die geschälten Maronen knapp mit Wasser bedecken, das Salz dazugeben und die Maronen zugedeckt bei mittlerer Hitze etwa 45 Minuten garen.

5. Kurz vor Garzeitende die Milch langsam erhitzen. Die Vanilleschote längs aufschlitzen, das Vanillemark herauskratzen und mit zwei Dritteln des Zuckers zu der Milch geben.

6. Das Garwasser der Kastanien abgießen. Die Kastanien im Mixer oder mit dem Pürierstab fein zerkleinern.

7. Das Maronenpüree zu der Milch geben, gut umrühren und in etwa 10 Minuten unter Rühren zu einer dicken Masse kochen. Dann ganz abkühlen lassen. Vor dem Servieren die Sahne mit dem restlichen Zukker steif schlagen. Das Maronenpüree durch die Kartoffelpresse direkt in Dessertschalen oder auf Teller drücken.

8. Die Schlagsahne in einen Spritzbeutel füllen und dekorativ auf dem Maronenpüree verteilen. Mit etwas Zimt bestäuben.

Tip!

Wenn Sie unversehens Fan dieser ausgefallenen Süßspeise werden, möchten Sie sie sicher öfter zubereiten. Dafür lohnt es sich, in der Saison Maronenpüree selbst herzustellen (wie im Rezept beschrieben) und einzufrieren.

Wenn Sie Maronen aus der Dose verwenden, benötigen Sie 400–450 g. Diese gut abtropfen lassen und im Mixer pürieren. Vom fertigen Püree brauchen Sie etwa gleich viel. Manchmal ist dieses schon gesüßt, dann reduzieren Sie die Zuckermenge entsprechend.

Bei Maronen aus der Dose oder fertigem Püree entfällt das Garen der Kastanien, deshalb verkürzt sich die Zubereitungszeit um etwa 1 1/2 Stunden.

Budino di ricotta

Ricotta-Pudding

Zutaten für 4 Personen:
2 Eßl. Rosinen
50 g Zitronat, klein gewürfelt
2 Eßl. italienischer Weinbrand
(ersatzweise Wasser oder Fruchtsaft)
125 ccm Wasser
2 Eßl. Grieß
2 Eier
4 Eßl. Zucker
1 Teel. abgeriebene Schale von
1 unbehandelten Zitrone
1/2 Teel. Zimtpulver
250 g Ricotta (oder gut abgetropfter
Magerquark)
Fett für die Form
Kakaopulver zum Bestäuben

Gelingt leicht

Pro Portion etwa:
1100 kJ/260 kcal
10 g Eiweiß · 14 g Fett
21 g Kohlenhydrate

- Zubereitungszeit: etwa
  3 1/4 Stunden (davon
  2 Stunden Kühlzeit)

1. Die Rosinen und das Zitronat mit dem Weinbrand beträufeln und ziehen lassen.

2. Das Wasser aufkochen, den Grieß einstreuen und 3–4mal aufwallen lassen. Den Grieß auf einem Teller ausbreiten und ganz abkühlen lassen.

3. Die Eier trennen. Die Eigelbe mit dem Zucker schaumig schlagen und dabei die Zitronenschale und den Zimt hinzufügen.

4. Den Backofen auf 175° vorheizen.

5. Den Grieß mit dem Ricotta und den Rosinen mischen und eßlöffelweise unter die Eimasse mischen.

6. Die Eiweiße zu sehr steifem Schnee schlagen und gleichmäßig unter die Masse heben.

7. Eine Gugelhupfform (1 l Inhalt) einfetten und mit der Masse füllen. Die Form in den Backofen (Mitte) auf den Rost stellen und den Pudding etwa 45 Minuten garen.

8. Den Pudding herausnehmen, in der Form auskühlen lassen und für etwa 2 Stunden in den Kühlschrank stellen. Anschließend auf eine Platte stürzen und mit Kakaopulver bestäuben. Auch Fruchtsaucen oder Kompott passen sehr gut.

Variante:
Sie können anstelle des Zitronats auch gehackte Mandeln, Pistazien oder Pinienkerne untermischen.

Tip!

Mascarpone erhalten Sie in Supermärkten, beim Käsehändler oder beim »Italiener«. Falls nicht, ersetzen Sie ihn durch 200 g Doppelrahm-Frischkäse und 100 g Crème fraîche, die Sie vermischen und unter die Eigelbcreme rühren.

Crema al mascarpone

Mascarponecreme

Zutaten für 4 Personen:
3 Eier
3 Eßl. Zucker
250 g Mascarpone
1 Eßl. Rum nach Belieben

Schnell • Für Ungeübte

Pro Portion etwa:
1300 kJ/310 kcal
12 g Eiweiß · 24 g Fett
8 g Kohlenhydrate

- Zubereitungszeit: etwa
  2 1/4 Stunden (davon
  2 Stunden Kühlzeit)

1. Die Eier sorgfältig trennen. Die Eiweiße steif schlagen.

2. Die Eigelbe und den Zucker mit dem Schneebesen des Handrührgerätes schaumig rühren, bis sich der Zucker aufgelöst hat.

3. Den Mascarpone und den Rum mit der Eigelbmasse verrühren und zum Schluß den steifen Eischnee darunterheben.

4. Die Mascarponecreme für etwa 2 Stunden in den Kühlschrank stellen. Mit einem Kompott, einem Fruchtsalat oder frischen Beeren servieren.

Im Bild vorne: Crema al mascarpone
Im Bild hinten: Budino di ricotta

Ricotta al caffè

Quarkcreme mit Espresso

Eine Spezialität aus der Toskana – ganz einfach, schnell und köstlich. Wenn Sie keinen Ricotta erhalten, nehmen Sie gut abgetropften Magerquark.

Zutaten für 4 Personen:
750 g Ricotta (oder Magerquark)
Saft von 1 Zitrone
4 Eßl. Puderzucker
1 Teel. abgeriebene Schale von
1 unbehandelten Zitrone
3 Eßl. Espressopulver

Ganz einfach • Schnell

Pro Portion etwa:
1600 kJ/380 kcal
18 g Eiweiß · 28 g Fett
13 g Kohlenhydrate

• Zubereitungszeit: etwa
  10 Minuten

1. Den Ricotta in einer Schüssel gründlich mit dem Zitronensaft verrühren.

2. Den Puderzucker und die Zitronenschale hinzufügen und unterrühren.

3. Die Ricottacreme in eine Schüssel füllen oder als kleinen Berg auf eine Platte häufen.

4. Das Espressopulver in ein Sieb geben und auf die Ricottacreme streuen.

Variante:
Den Zitronensaft können Sie durch 4 cl Weinbrand und den Espresso durch Kakao ersetzen.

Crema all'albicocche secche

Creme aus getrockneten Aprikosen

Ein ganz einfaches, aber köstliches Dessert, das sich besonders für die Wintermonate anbietet, wenn es keine frischen Aprikosen gibt.

Zutaten für 4 Personen:
400 g entsteinte getrocknete
Aprikosen
2 Nelken
2 Teel. abgeriebene Schale von
1 unbehandelten Zitrone
1/4 l trockener Weißwein
50 g Zucker
1 Eßl. Zitronensaft
4 cl Aprikosengeist (ersatzweise
Aprikosensaft)
250 g Sahne
Kakaopulver zum Bestäuben

Für Ungeübte

Pro Portion etwa:
2400 kJ/570 kcal
7 g Eiweiß · 20 g Fett
75 g Kohlenhydrate

• Zubereitungszeit: etwa
  2 Stunden

1. Die Aprikosen mit den Nelken und der Zitronenschale in einen Topf geben. Mit dem Weißwein aufgießen und etwa 45 Minuten ziehen lassen.

2. Dann den Zucker und den Zitronensaft hinzufügen und alles etwa 20 Minuten köcheln. Anschließend die Nelken herausnehmen.

3. Die weichen Aprikosen samt der Flüssigkeit im Mixer pürieren. Den Aprikosengeist untermischen und alles ganz abkühlen lassen.

4. Die Sahne steif schlagen. Zwei Drittel davon unter das Aprikosenpüree heben. Die Creme in vier Dessertschalen füllen.

5. Die übrige Sahne in einen Spritzbeutel füllen und dekorativ auf die Aprikosencreme spritzen. Zum Schluß alles leicht mit Kakaopulver bestäuben.

Variante:
Sie können diese Creme auch aus getrockneten Pflaumen zubereiten.

Bild oben: Ricotta al caffè
Bild unten:
Crema all'albicocche secche

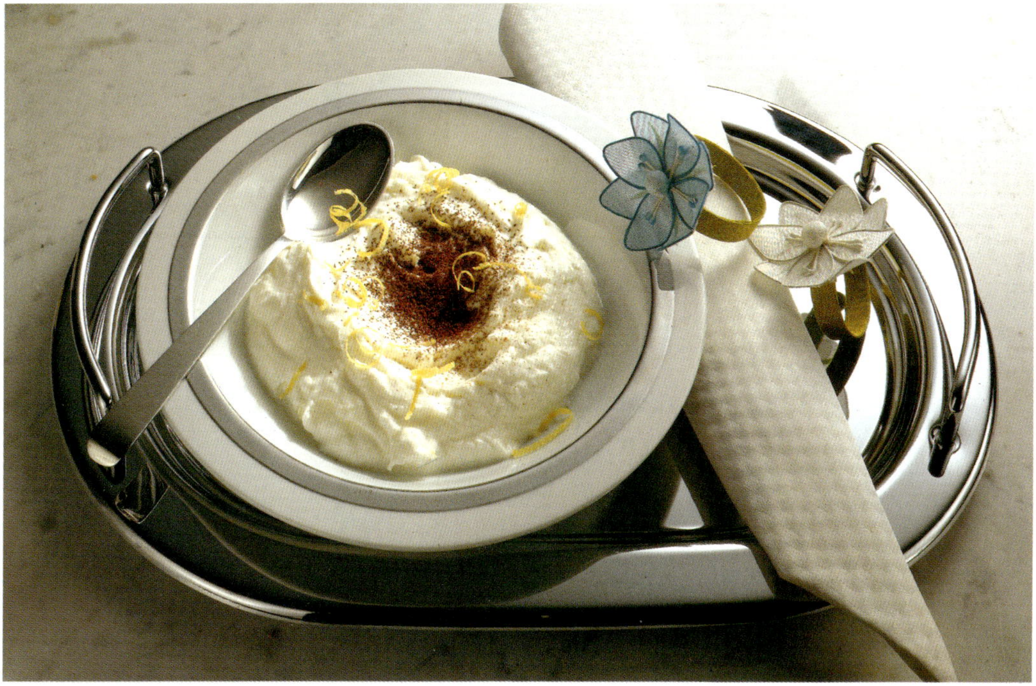

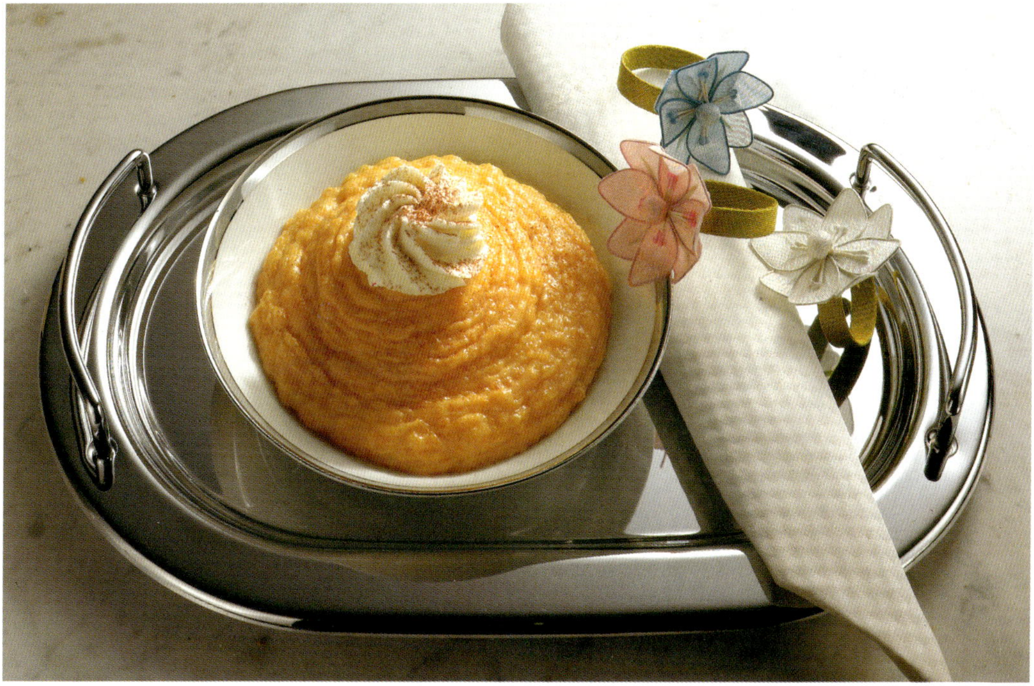

Crema di vaniglia

Vanillecreme

Zutaten für 4 Personen:

1/4 l Milch

4 Eßl. flüssiger Honig

4 Eier

2 Vanilleschoten

Fett für die Förmchen

Preiswert

Pro Portion etwa:
800 kJ/190 kcal
9 g Eiweiß · 10 g Fett
15 g Kohlenhydrate

- Zubereitungszeit: etwa
  55 Minuten

1. Eine Bratreine etwa drei Finger breit mit Wasser füllen und in den Backofen auf den Rost stellen. Den Backofen auf 150° vorheizen.

2. Die Milch mit dem Honig verrühren. Die Eier dazufügen und glattrühren, aber nicht schaumig schlagen. Die Mischung durch ein feines Sieb gießen, damit keine Klümpchen in die Creme geraten.

3. Die Vanilleschoten längs aufschlitzen, das Vanillemark herauskratzen und zur Creme geben.

4. Vier Souffléförmchen einfetten (notfalls können Sie auch vier Tassen verwenden) und mit der Masse füllen.

5. Die Förmchen in den Backofen (Mitte) in das Wasserbad stellen und etwa 45 Minuten garen, bis die Masse fest geworden ist.

6. Die Vanillecreme aus dem Ofen nehmen und etwas abkühlen lassen. Rundum mit einer Messerspitze von der Form lösen und vorsichtig stürzen. Wenn es nicht gleich geht, etwas hin und her rütteln.

Budino alla noce di còcco

Kokospudding mit Schokoladensauce

Zutaten für 4 Personen:

Für den Pudding:

50 g weiche Butter

50 g Zucker

2 Eigelb

80 g Kokosraspel

2 Eßl. Milch

3 Eiweiß

Fett für die Förmchen

Für die Sauce:

1 Teel. abgeriebene Schale von

1 unbehandelten Orange

50 g Zartbitterschokolade

50 g Vollmilchschokolade

4 cl Marsala (ersatzweise

4 Eßl. Sahne)

Minze zum Garnieren

Preiswert
Raffiniert

Pro Portion etwa:
1900 kJ/450 kcal
7 g Eiweiß · 27 g Fett
42 g Kohlenhydrate

- Zubereitungszeit: etwa
  45 Minuten

1. Für den Pudding die Butter mit dem Zucker in eine Schüssel geben und mit dem Schneebesen schaumig schlagen. Die Eigelbe, die Kokosraspel und die Milch untermischen.

2. Die Eiweiße zu sehr steifem Schnee schlagen und gleichmäßig unter die Masse heben.

3. Den Backofen auf 200° vorheizen. Eine feuerfeste Form mit etwas Wasser füllen und hineinstellen.

4. Vier Portionsförmchen einfetten und so mit der Masse füllen, daß oben ein fingerbreiter Rand frei bleibt. Die Förmchen im Wasserbad im Backofen (Mitte) etwa 30 Minuten garen.

5. Inzwischen für die Sauce die Orangenschale in wenig Wasser aufkochen, in ein Sieb geben und abtropfen lassen. Die beiden Schokoladensorten im Wasserbad bei milder Hitze schmelzen, den Marsala und die Orangenschale unterrühren.

6. Den Pudding mit einer Messerspitze vom Förmchenrand lösen und auf Teller stürzen. Mit der Sauce umgießen. Mit Minzeblättchen garnieren.

Im Bild vorne:
Budino alla noce di còcco
Im Bild hinten: Crema di vaniglia

Tirami su

Biskuit-Mascarpone-Dessert

Zutaten für 4–6 Personen:
200 ccm starker kalter Espresso
4 cl Weinbrand (oder Cognac) nach
Belieben
3 Eier
3 Eßl. Zucker
1 Päckchen Vanillinzucker
2 Teel. abgeriebene Schale von
1 unbehandelten Zitrone
250 g Mascarpone
250 g Löffelbiskuits (etwa 16 Stück)
3 Eßl. Kakaopulver

Berühmtes Gericht
Ganz einfach

Bei 6 Personen pro Portion etwa:
1700 kJ/400 kcal
12 g Eiweiß · 18 g Fett
41 g Kohlenhydrate

- Zubereitungszeit: etwa
  2 1/2 Stunden (davon
  2 Stunden Kühlzeit)

Tip!

Zum Servieren das Tirami su
in Stücke schneiden und auf
mit Kakao bestäubte Teller
setzen. Auch leicht ange-
froren schmeckt es ganz toll.
Wenn Kinder mitessen, können Sie den Weinbrand er-
satzlos streichen. Er soll nur
Geschmack geben.

1. Den Espresso mit dem
Weinbrand mischen und kalt-
stellen. Die Eier trennen. Die Eigelbe mit dem Zucker und dem
Vanillinzucker in eine Schüssel
geben und mit dem Handrührgerät zu einer hellgelben Creme rühren. Die abgeriebene
Zitronenschale hinzufügen.

2. Den Mascarpone eßlöffelweise unterrühren. Die Eiweiße
steif schlagen und vorsichtig unterziehen.

3. Die Hälfte der Löffelbiskuits
in eine Form legen und mit der
Hälfte der Espressomischung
beträufeln. Die Hälfte der
Creme darauf streichen.

4. Die übrigen Löffelbiskuits
darauf legen, wieder mit dem
Espresso beträufeln und mit der
restlichen Creme bestreichen.
Die Oberfläche dick mit dem
Kakaopulver bestäuben. Das
Tirami su für mindestens 2 Stun-
den kalt stellen.

Zabaione

Weinschaum

Diese Creme ist in vielen Ländern beliebt; so heißt sie in Frankreich »Sabayon«. Klassisch wird sie mit Löffelbiskuits serviert oder vielseitig als Sauce zu Desserts oder Früchten verwendet.

Zutaten für 4 Personen:
6 Eigelb
100 g Zucker
1 Teel. abgeriebene Schale von
1 unbehandelten Zitrone
3/8 l Marsala
1/2 Teel. Zimtpulver

Schnell
Raffiniert

Pro Portion etwa:
1500 kJ/360 kcal
5 g Eiweiß · 9 g Fett
39 g Kohlenhydrate

• Zubereitungszeit: etwa 20 Minuten

1. Die Eigelbe mit dem Zucker und der Zitronenschale in eine hitzebeständige Schüssel geben und mit dem Handrührgerät oder dem Schneebesen so lange schlagen, bis eine hellgelbe, cremige Masse entstanden ist.

2. Die Schüssel in ein leicht siedendes Wasserbad stellen.

3. Den Marsala langsam dazufließen lassen. Weiterschlagen, bis die Masse dick und schaumig geworden ist.

4. Die Zabaione in vier vorbereitete Gläser oder Dessertschalen füllen, mit dem Zimt bestreuen und gleich heiß servieren.

Varianten:
Die Zabaione können Sie auch zu Beeren oder Früchten reichen. Dann im kalten Wasserbad etwas abkühlen lassen. Auch tiefgekühlt schmeckt sie prima.

Pesche gratinate

Gratinierte Pfirsiche

Nach einem sättigendem Hauptgericht reicht auch 1/2 Pfirsich pro Person.

Zutaten für 4 Personen:
50 g ungeschälte Mandeln
4 reife Pfirsiche
1 Eßl. Honig
1 Eßl. Pfirsichlikör nach Belieben
2 Eiweiß
1 Eßl. Puderzucker
1/2 Teel. Zimt

Für Gäste

Pro Portion etwa:
660 kJ/160 kcal
5 g Eiweiß · 7 g Fett
19 g Kohlenhydrate

● Zubereitungszeit: etwa
45 Minuten

1. Die Mandeln überbrühen, häuten und fein mahlen. Die Pfirsiche mit kochendem Wasser überbrühen, eiskalt abschrecken und die Schale abziehen. Die Pfirsiche halbieren, entkernen und mit der Wölbung nach unten in eine feuerfeste Form setzen. Den Backofen auf 180° vorheizen.

2. Den Honig mit dem Likör verrühren und die Pfirsiche auf der Innenseite damit beträufeln.

3. Die Eiweiße mit dem Puderzucker und dem Zimt steif schlagen. Die Mandeln vorsichtig unterheben. Den Schnee auf den Fruchthälften verteilen.

4. Die Form auf dem Rost in den Backofen (Mitte) stellen und die Pfirsichhälften etwa 10 Minuten gratinieren.

5. Die Pfirsiche etwas abkühlen lassen, aber noch warm servieren. Dann schmecken sie am besten.

Soufflé di pesche alla ricotta

Pfirsich-Soufflé mit Ricotta

Zutaten für 4 Personen:
400 g Pfirsiche
4 Eier
1 Vanilleschote
5 Eßl. Zucker
2 Teel. abgeriebene Schale von
1 unbehandelten Zitrone
500 g Ricotta (oder gut abgetropfter Magerquark)
6 Eßl. Puderzucker
Fett für die Form
2 Eßl. gemahlene Mandeln zum Ausstreuen

Gelingt leicht

Pro Portion etwa:
1600 kJ/380 kcal
26 g Eiweiß · 13 g Fett
42 g Kohlenhydrate

● Zubereitungszeit: etwa
1 Stunde

1. Die Pfirsiche überbrühen, eiskalt abschrecken und häuten. Quer halbieren, den Stein entfernen und das Fruchtfleisch in sehr kleine Würfel schneiden.

2. Den Backofen auf 200° vorheizen.

3. Die Eier trennen. Die Vanilleschote längs aufschlitzen und das Mark herausschaben. Die Eigelbe mit dem Zucker zu einer cremigen, hellgelben Masse schlagen. Das Vanillemark und die abgeriebene Zitronenschale hinzufügen.

4. Den Ricotta eßlöffelweise unter die Eiercreme rühren. Die Masse in den Kühlschrank stellen.

5. Die Eiweiße zu sehr steifem Schnee schlagen, den Puderzucker dabei dazurieseln lassen. Den Eischnee mit den Pfirsichwürfelchen gleichmäßig unter die Eier-Ricotta-Masse mischen.

6. Eine große Soufflé- oder Auflauf-Form einfetten und mit den gemahlenen Mandeln ausstreuen. Die Soufflémasse so einfüllen, daß noch ein etwa 3 cm breiter Rand freibleibt, damit das Soufflé aufgehen kann.

7. Das Soufflé im Backofen (Mitte) etwa 30 Minuten backen. Sofort servieren.

Im Bild vorne:
Soufflé di pesche alla ricotta
Im Bild hinten: Pesche gratinate

Crema di lamponi

Himbeercreme

Zutaten für 4 Personen:
500 g reife Himbeeren
120 g Zucker
4 Blatt weiße Gelatine
4 Eier
3 Eßl. Zitronensaft
200 g Sahne
1 Päckchen Vanillinzucker
1/2 Bund Minze
Puderzucker zum Bestäuben

Braucht etwas Zeit

Pro Portion etwa:
1700 kJ/400 kcal
11 g Eiweiß · 23 g Fett
42 g Kohlenhydrate

- Zubereitungszeit: etwa
  2 Stunden (davon
  1 Stunde Kühlzeit)

1. Die Himbeeren waschen, verlesen und abtropfen lassen. Einige Beeren beiseite legen. Die restlichen Himbeeren mit 1 Eßlöffel Zucker im Mixer pürieren. Anschließend durch ein feines Sieb streichen. Die Gelatine in kaltem Wasser einweichen.

2. Die Eier trennen. Die Eigelbe mit dem Zitronensaft in einer Metallschüssel verrühren. Diese ins heiße Wasserbad stellen und unter ständigem Schlagen nach und nach den restlichen Zucker einstreuen. Rühren, bis der Zucker aufgelöst und die Masse heiß und dickflüssig ist. Die Gelatine ausdrücken und in der warmen Creme auflösen.

3. Das Himbeerpüree unter die Creme mischen und abkühlen lassen. Ab und zu durchrühren.

4. Die Eiweiße zu schnittfestem Schnee schlagen. Die Sahne mit dem Vanillinzucker steif schlagen und mit dem Eischnee locker unter die Himbeercreme heben. Im Kühlschrank in etwa 1 Stunde fest werden lassen.

5. Zum Servieren mit einem Eßlöffel Nocken abstechen und auf Teller setzen. Die Minzeblättchen von den Stengeln zupfen und die Himbeercreme damit dekorieren. Alles mit Puderzucker leicht bestäuben und mit den restlichen Himbeeren garnieren.

Gelatina di melone

Wassermelonengelee mit Campari

Zutaten für 4 Personen:
750 g Wassermelone
Saft von 2 Zitronen
100 ccm Campari
6 Eßl. Zucker
4 Blatt weiße Gelatine
2 Zweige Zitronenmelisse zum Garnieren

Exklusiv • Gelingt leicht

Pro Portion etwa:
800 kJ/190 kcal
3 g Eiweiß · 23 g Fett
29 g Kohlenhydrate

- Zubereitungszeit: etwa
  3 Stunden (davon
  2 1/2 Stunden Kühlzeit)

1. Das Melonenfleisch aus der Schale schneiden, von den Kernen befreien, würfeln und in eine Schüssel geben.

2. Den Zitronensaft über die Melonenwürfel gießen. Mit dem Campari beträufeln und mit dem Zucker bestreuen. Im Kühlschrank zugedeckt etwa 30 Minuten ziehen lassen.

3. Die Gelatine etwa 5 Minuten in kaltem Wasser einweichen. Etwas Wasser erhitzen.

4. Die Melonenwürfel mit dem Saft im Mixer pürieren. Die Gelatine gut ausdrücken und in einer Schöpfkelle ins kochende Wasser halten, bis sie sich aufgelöst hat. Dann unter das Fruchtpüree mischen.

5. Vier Portionsschälchen mit kaltem Wasser ausspülen. Die Zitronenmelisse abbrausen und jeweils einige Blättchen in die Förmchen legen. Das Fruchtpüree darauf gießen und im Kühlschrank in etwa 2 Stunden fest werden lassen.

6. Zum Stürzen das Gelee mit einer Messerspitze vom Rand lösen. Die Förmchen kurz in heißes Wasser halten, auf Teller stürzen und mit der restlichen Zitronenmelisse garnieren.

Im Bild vorne: Gelatina di melone
Im Bild hinten: Crema di lamponi

Pera cotta nel barolo

Birnen in Barolo-Sauce

Zutaten für 4 Personen:
4 schöne reife Birnen
3/4 l Barolo oder anderer trockener
Rotwein
abgeriebene Schale von
1 unbehandelten Zitrone
4 Eßl. Himbeergelee
3 Eßl. Crème fraîche
4 Eßl. Pinienkerne

Gelingt leicht

Pro Portion etwa:
1700 kJ/400 kcal
4 g Eiweiß · 14 g Fett
34 g Kohlenhydrate

• Zubereitungszeit: etwa
  50 Minuten

1. Die Birnen waschen und schälen, dabei möglichst die Stengel dranlassen.

2. Die Birnen nebeneinander in einen Topf geben, den Wein dazugießen und die Zitronenschale hinzufügen. Aufkochen und etwa 25 Minuten leise köcheln lassen. Die Birnen dann aus dem Wein nehmen und abkühlen lassen.

3. Das Himbeergelee in den Wein rühren und alles um ein gutes Drittel einkochen lassen. Die Crème fraîche unterrühren und weiterköcheln, bis die Sauce leicht cremig ist.

4. Die Pinienkerne in einer beschichteten Pfanne ohne Fett unter Rühren goldgelb rösten.

5. Die warme Barolo-Sauce auf vier Teller gießen, jeweils eine gedünstete Birne in die Mitte setzen und jede mit 1 Eßlöffel Pinienkernen bestreuen.

Mousse di ricotta con ciliege

Ricotta-Mousse mit Chiantikirschen

Eine erfrischende Mousse, die Sie mit Früchten der Saison immer wieder variieren können. Sie können Sie auch mit Rumtopf reichen. Fruchtsaucen passen ebenfalls gut dazu.

Zutaten für 4 Personen:
Für die Mousse:
3 Blatt weiße Gelatine
500 g Ricotta
50 g Puderzucker
1 Teel. Zitronensaft
200 g Sahne
Für die Chiantikirschen:
500 g süße Kirschen
1 Eßl. Butter
3 Eßl. Zucker
1/4 l Chianti oder anderer Rotwein
Minze zum Garnieren

Exklusiv

Pro Portion etwa:
2500 kJ/600 kcal
16 g Eiweiß · 38 g Fett
36 g Kohlenhydrate

• Zubereitungszeit:
  3 1/2 – 4 1/2 Stunden
  (davon 2 1/2 – 3 Stunden
  Kühlzeit)

1. Für die Mousse die Gelatine in kaltem Wasser etwa 10 Minuten einweichen.

2. Den Ricotta mit dem Puderzucker und dem Zitronensaft gut verrühren.

3. Die Sahne steif schlagen und unter die Masse heben.

4. Die Gelatine gut ausdrükken, in eine Schöpfkelle geben und diese in heißes Wasser halten, bis sich die Gelatine aufgelöst hat. Erst mit einem Teil der Ricottamasse mischen, dann mit dem Rest.

5. Die Ricottamousse für 3–4 Stunden zum Festwerden kalt stellen.

6. Inzwischen für die Chiantikirschen die Kirschen waschen und entsteinen. Die Butter in einer Pfanne mit hohem Rand schmelzen und die Kirschen darin schwenken.

7. Dann gleichmäßig mit dem Zucker bestreuen, bis sie leicht karamelisieren. Mit dem Wein übergießen und etwa 10 Minuten köcheln lassen. Kalt stellen.

8. Die Kirschen auf vier Teller verteilen. Von der Mousse mit einem Eßlöffel Nocken abstechen und daneben setzen. Mit Minze garnieren.

Im Bild vorne: Pera cotta nel barolo
Im Bild hinten:
Mousse di ricotta con ciliege

Crema di kaki

Kakicreme

Bei uns gibt es Kakis im Sommer aus Südeuropa. Ansonsten kommen sie als »Sharon-Frucht« aus Israel. Die Creme geliert wegen ihres Pektingehalts ohne Gelatine.

Zutaten für 4 Personen:
4 reife Kakis (je etwa 150 g)
2 Eßl. Amaretto nach Belieben
200 g Sahne
1 Päckchen Vanillinzucker
Schokoladenblättchen zum Garnieren

Für Ungeübte

Pro Portion etwa:
1200 kJ/290 kcal
2 g Eiweiß · 16 g Fett
30 g Kohlenhydrate

- Zubereitungszeit: etwa
  4 Stunden 20 Minuten
  (davon 4 Stunden Kühlzeit)

1. Die Kakis schälen, die Blütenansätze entfernen und die Früchte grob zerkleinern. Den Mandellikör darüber träufeln und die Früchte im Mixer oder mit dem Pürierstab pürieren.

2. Die Sahne mit dem Vanillinzucker steif schlagen.

3. Das Kakipüree zur Sahne geben und gleichmäßig unterrühren.

4. Die Kaki-Creme im Kühlschrank in etwa 4 Stunden fest werden lassen, dann in Portionsschälchen füllen und mit Schokoladenblättchen garniert servieren.

Fichi al marsala

Marsala-Feigen

Frische Feigen kommen ab Juni zu uns auf den Markt. Von September bis Ende Oktober vorwiegend aus Süditalien. In der übrigen Zeit des Jahres werden wir mit Importen aus Südamerika versorgt.

Zutaten für 4 Personen:
12 reife, frische Feigen
Butter für die Form
2 Eßl. Puderzucker
1/2 Teel. Zimtpulver
125 ccm Marsala
200 g Sahne
2 Minzezweige zum Garnieren
Puderzucker zum Bestäuben

Für Gäste
Gut vorzubereiten

Pro Portion etwa:
1300 kJ/310 kcal
3 g Eiweiß · 17 g Fett
29 g Kohlenhydrate

- Zubereitungszeit: etwa
  1 1/2 Stunden (davon
  1 Stunde Kühlzeit)

1. Den Backofen auf 180° vorheizen.

2. Die Feigen kurz und vorsichtig waschen und trockentupfen. Den Stiel abschneiden und die Früchte an der Spitze mit einem scharfen Messer leicht kreuzweise einschneiden.

3. Eine feuerfeste Form mit Butter einfetten und die Feigen nebeneinander hineinsetzen.

4. Den Puderzucker und den Zimt in ein feines Sieb geben und über die Feigen stäuben.

5. Die Feigen gleichmäßig mit dem Marsala beträufeln. Die Form auf den Gitterrost in den Backofen (Mitte) stellen und die Feigen etwa 20 Minuten garen.

6. Die Form herausnehmen und die Feigen abkühlen lassen. Anschließend im Kühlschrank mindestens 1 Stunde zugedeckt ziehen lassen.

7. Vor dem Servieren die Sahne steif schlagen. Die Feigen auf vier Tellern oder einer Platte verteilen. Die Sauce aus der Form unter die Sahne mischen und um die Feigen gießen. Die Minze abbrausen und daneben legen. Die Feigen leicht mit Puderzucker bestäuben und zu Tisch bringen.

Tip!

Reife Feigen erkennen Sie daran, daß sie weich sind. Ihre Schale darf aber keine Flecken aufweisen und nicht klebrig sein. Sie können grün, braun oder rötlich sein. Das hängt nicht vom Reifegrad, sondern von der Sorte ab.

Im Bild vorne: Fichi al marsala
Im Bild hinten: Crema di kaki

Terrina di pere con salsa di lamponi

Birnenterrine mit Himbeersauce

Zutaten für 6–8 Personen:
Für die Terrine:
8 reife Williamsbirnen
Saft von 1 Zitrone
1/2 l trockener Weißwein
1 Zimtstange
10 Blatt weiße Gelatine
50 g Zucker
4 cl Williamsbirne (Geist) nach
Belieben
50 g grüne, gehackte Pistazien
Für die Sauce:
300 g Himbeeren (frisch oder
tiefgefroren und aufgetaut)
4 Eßl. Honig
1 Eßl. Zitronensaft
Minze zum Garnieren

Braucht etwas Zeit
Gut vorzubereiten

Bei 8 Personen pro Portion etwa:
1110 kJ/270 kcal
5 g Eiweiß · 4 g Fett
37 g Kohlenhydrate

• Zubereitungszeit: etwa
  6 Stunden (davon
  5 Stunden Kühlzeit)

1. Die Birnen schälen, längs halbieren und vom Kernhaus befreien. Die Hälften sofort mit dem Zitronensaft beträufeln.

2. Den Weißwein in einem breiten Topf erhitzen, die Zimtstange hinzufügen und die Birnen darin je nach Reifegrad 10–12 Minuten pochieren, das heißt, knapp unter dem Siedepunkt garziehen, nicht kochen lassen.

3. Die Birnen aus dem Sud nehmen, vier Hälften beiseite legen, die restlichen im Mixer pürieren.

4. Die Gelatine in kaltem Wasser etwa 10 Minuten einweichen.

5. Das Birnenpüree mit dem Zucker, dem Weißweinsud und dem Birnengeist in einem Topf erhitzen. Die eingeweichte Gelatine gut ausdrücken und in dem Püree auflösen (nicht kochen).

6. Eine Kastenform von 1 l Inhalt kalt ausspülen, mit der Hälfte des Pürees füllen und dieses mit der Hälfte der Pistazien bestreuen. Im Kühlschrank in etwa 1 Stunde fest werden lassen.

7. Dann die zurückgelegten Birnenhälften längs durchschneiden und in die Form legen. Mit den restlichen Pistazien bestreuen. Das übrige Birnenpüree, das bereits etwas geliert ist, nochmals leicht erhitzen, damit es wieder flüssig wird, in die Form füllen und glattstreichen.

8. Die Terrine für mindestens 4 weitere Stunden in den Kühlschrank stellen und fest werden lassen.

9. Für die Sauce die Himbeeren mit dem Honig und dem Zitronensaft etwa 10 Minuten köcheln. Anschließend durch ein Sieb streichen und kalt stellen.

10. Zum Stürzen die Form kurz in heißes Wasser halten, stürzen und die Terrine in Scheiben schneiden. Auf Tellern verteilen, mit der Himbeersauce umgießen und mit Minzeblättchen garnieren.

Variante:

Die Himbeersauce können Sie auch durch andere Saucen ersetzen. Eine Schokoladensauce ist schnell zubereitet, indem Sie Zartbitter- oder Vollmilchschokolade im heißen Wasserbad schmelzen und mit Milch oder Sahne glattrühren. Zimtsahne paßt auch gut: Hierfür Sahne halbsteif schlagen und Zucker und etwas Zimt unterrühren.

Die Terrina di pere con salsa di lamponi ist ein sehr festliches Dessert, das auch als »Augen-Schmaus« Aufsehen erregen wird.

Cassata

Biskuit-Ricotta-Dessert

Ein üppiger Nachtisch aus Sizilien, der ursprünglich nur zu Ostern serviert wurde.

Zutaten für 6–8 Personen:
Für den Biskuitteig:
4 Eier
120 g Zucker
1 Teel. abgeriebene Schale von
1 unbehandelten Zitrone
1 Prise Salz
50 g Mehl
50 g Speisestärke
1 Messerspitze Backpulver
Fett für die Form (oder Backpapier)
Für die Füllung:
750 g Ricotta (oder gut abgetropfter
Magerquark)
4 Eßl. Sahne
3 Eßl. Maraschino (ersatzweise
Kirschsaft)
50 g Zucker
6 Eßl. Maraschinokirschen oder
Orangeatwürfelchen
50 g Schokoladenraspel
Für die Fertigstellung:
6 cl Maraschino (ersatzweise
Kirschsaft)
100 ccm Wasser
200 g Sahne
1 Päckchen Vanillinzucker

**Für Gäste
Braucht etwas Zeit**

Bei 8 Personen pro Portion etwa:
2200 kJ/520 kcal
14 g Eiweiß · 30 g Fett
47 g Kohlenhydrate

● Zubereitungszeit: etwa
4 1/2 Stunden (davon
mindestens 3 Stunden Kühlzeit)

1. Für den Biskuit die Eier trennen. Die Eigelbe, den Zucker und die Zitronenschale in eine Schüssel geben. Mit dem Handrührgerät zu einer dickcremigen Masse schlagen. Den Backofen auf 190° vorheizen.

2. Die Eiweiße mit dem Salz ganz steif schlagen. Das Mehl mit der Speisestärke und dem Backpulver mischen und mit dem Eischnee gründlich unter die Eiercreme ziehen.

3. Eine Springform (26 cm Durchmesser) einfetten oder mit Backpapier auslegen. Den Teig einfüllen und im Backofen (Mitte) etwa 30 Minuten backen.

4. Für die Füllung inzwischen den Ricotta mit der Sahne, dem Maraschino, dem Zucker, der Hälfte der Maraschinokirschen und den Schokoladenraspel mischen.

5. Den Biskuit aus der Form nehmen und ganz auskühlen lassen. Anschließend quer in drei Böden schneiden. Das geht leicht, wenn Sie zwei Einschnitte mit dem Messer rundum markieren und dann den Biskuit mit Hilfe eines langen Bindfadens »durchschneiden«.

6. Für die Fertigstellung den Maraschino mit dem Wasser mischen und die Böden damit tränken.

7. Ein Drittel der Ricottamischung gleichmäßig auf einen Boden streichen, den zweiten Boden darauf setzen. So fortfahren, bis alles aufgebraucht ist.

8. Die Sahne mit dem Vanillinzucker steif schlagen, die Cassata rundum damit bestreichen und mit den restlichen Maraschinokirschen garnieren. Bis zum Servieren mindestens 3 Stunden kalt stellen.

Variante:
Die klassische Cassata wird immer mit kandierten Früchten zubereitet, so steht's im sizilianischen Originalrezept. Doch kandierte Früchte mag nicht jeder. Deshalb sollten Sie aber nicht auf dieses köstliche Dessert verzichten. Versuchen Sie doch mal, die Cassata mit frischen Früchten zuzubereiten. Es eignen sich kleingewürfelte Pfirsiche, Nektarinen oder Aprikosen, Birnen, Äpfel, Beeren oder einfach eine Mischung aus Früchten, die es gerade auf dem Markt gibt. Sie benötigen davon etwa 250 g. Ein paar Minze- oder Zitronenmelisseblättchen dazwischen schmekken auch sehr apart und sehen schön aus.

Tip!

Wenn's schnell gehen soll, können Sie prima fertigen Biskuit verwenden. Wenn die Menge kleiner sein soll, können Sie die Cassata auch gut mit Löffelbiskuits machen.

Zuccotto

Eisbiskuit

Ein üppiges Dessert aus der Toskana, das es ursprünglich nur an besonderen Festtagen gab. Für viele Gäste ist es besonders gut geeignet.

Zutaten für 1 Springform von 26 cm Ø:
Für den Biskuitteig:
4 Eier
120 g Puderzucker
1 Teel. Vanillinzucker
40 g Mehl
40 g Speisestärke
Fett für die Form
Für die Füllung:
100 g gehackte Mandeln
100 g gehackte Haselnüsse
600 g Sahne
50 g Puderzucker
100 g Schokoladenraspel
3 Eßl. Weinbrand (ersatzweise Fruchtsaft)
Kakaopulver zum Bestäuben

Exklusiv

Bei 10 Stück pro Portion etwa:
2100 kJ/500 kcal
9 g Eiweiß · 37 g Fett
34 g Kohlenhydrate

- Zubereitungszeit:
  2 1/2 – 3 1/2 Stunden (davon 1–2 Stunden Kühlzeit)

1. Für den Biskuit die Eier trennen. Die Eigelbe in einer Schüssel mit dem Puderzucker und dem Vanillinzucker mit dem Schneebesen des Handrührgerätes schaumig schlagen.

2. Den Backofen auf 180° vorheizen. Die Eiweiße zu steifem Schnee schlagen und vorsichtig unter die Eiercreme heben.

3. Das Mehl mit der Speisestärke mischen und unter ständigem Rühren in die Eicreme rieseln lassen.

4. Die Springform ausfetten, den Teig einfüllen und im Backofen (Mitte) in 25 – 30 Minuten goldgelb backen. Dann den Biskuit aus der Backform lösen und auf einem Kuchengitter abkühlen lassen.

5. Für die Füllung inzwischen die Mandeln und die Nüsse in einer beschichteten Pfanne ohne Fett unter Rühren goldbraun anrösten.

6. Die Sahne in einer großen Schüssel mit dem Puderzucker steif schlagen. Die Mandeln, die Nüsse und die Schokoladenraspel unter die Schlagsahne mischen.

7. Den abgekühlten Biskuit quer in drei etwa 1 cm dicke Platten schneiden und diese mit dem Weinbrand beträufeln. Eine tiefe Schüssel (2 1/2 l Inhalt) mit Frischhaltefolie auskleiden, gut fetten und sowohl den Boden als auch den Rand mit zwei Biskuitscheiben auslegen. Dafür eventuell die zweite Scheibe in passende Streifen schneiden. Den Biskuit gut andrücken.

8. Die Sahnecreme einfüllen. Die dritte Biskuitplatte darauf legen und andrücken. Den Eisbiskuit 1–2 Stunden im Gefriergerät anfrieren lassen.

9. Den Zuccotto auf eine Tortenplatte stürzen und mit Kakaopulver dick bestäuben.

Tips:

Reste können Sie sehr gut einfrieren und etwa 1/2 Stunde vor dem Servieren herausnehmen.
Etwas arbeitsintensiver, aber auch perfekter wird der Zuccotto, wenn Sie eine Biskuitscheibe passend für den Boden der Schüssel ausschneiden und hineinlegen. Den Rest der ersten und die zweite Scheibe in Streifen schneiden und damit die Wand der Schüssel auskleiden. Den Biskuit gut andrücken. In diesem Fall können Sie den Biskuit auch gleich auf dem Blech backen.
Wenn Sie bei diesem üppigen Gericht Kalorien sparen möchten, können Sie die Sahne durch Sahnequark ersetzen und den Zucker durch Streusüße, die sich hier sehr gut mit den anderen Zutaten verbindet.

Wenn Sie Ihren Gästen Zuccotto servieren, bleibt bestimmt nichts übrig!

Gelato di fragole

Erdbeer-Mascarpone-Eis

Zutaten für 4 Personen:
1 Ei
50 g Zucker
1 Päckchen Vanillinzucker
1 Teel. Zitronensaft
200 g Mascarpone
500 g Erdbeeren
2 Minzezweige

Ganz einfach

Pro Portion etwa:
1200 kJ/290 kcal
8 g Eiweiß · 18 g Fett
23 g Kohlenhydrate

• Zubereitungszeit: etwa
  3 1/2 Stunden (davon
  3 Stunden Gefrierzeit)

1. Das Ei trennen. Das Eigelb in einer Schüssel mit dem Zucker zu einer cremigen Masse rühren. Den Vanillinzucker und den Zitronensaft dazugeben.

2. Den Mascarpone eßlöffelweise hinzufügen und dabei weiterrühren, bis eine gleichmäßige Masse entstanden ist.

3. Die Erbeeren waschen, abtropfen lassen und abzupfen. Einige besonders schöne Erdbeeren (etwa 100 g) zum Garnieren beiseite legen. Die Minze abbrausen.

4. Die restlichen Erdbeeren im Mixer oder mit dem Pürierstab zu Püree verarbeiten und sorgfältig unter die Mascarpone-Eiermischung rühren.

5. Das Eiweiß sehr steif schlagen und vorsichtig unter die Masse heben.

6. Die Mischung in eine kleine Kastenform oder eine Plastik-Gefrierform füllen. Für etwa 3 Stunden in das Gefriergerät stellen und fest werden lassen.

7. Zum Servieren die Form kurz in heißes Wasser halten, das Eis auf eine Platte stürzen und in Scheiben schneiden. Die restlichen Erdbeeren längs in Scheiben schneiden und dekorativ mit dem Eis auf Tellern anrichten. Mit Minzeblättchen garnieren.

Parfait ai pistacchi e mandorle

Pistazien-Mandel-Parfait

Zutaten für 4–6 Personen:
8 Eßl. Zucker
50 g Mandeln, grob gehackt
50 g Pistazien, grob gehackt
2 Eier
2 cl Amaretto nach Belieben
Mark von 1 Vanilleschote
200 g Sahne
2 Eßl. Puderzucker

Für Gäste

Bei 6 Personen pro Portion etwa:
1300 kJ/310 kcal
6 g Eiweiß · 21 g Fett
20 g Kohlenhydrate

• Zubereitungszeit:
  4 1/2–6 1/2 Stunden (davon
  4–6 Stunden Kühlzeit)

1. 4 Eßlöffel Zucker in eine trockene beschichtete Pfanne geben und bei milder Hitze unter Rühren schmelzen und dabei goldbraun werden lassen.

2. Die Mandeln und die Pistazien in den Zucker dazurühren, bis sie von einer Zuckerschicht überzogen sind. Anschließend auf einer Platte ausbreiten und abkühlen lassen.

3. Die Eier trennen. Die Eigelbe mit dem restlichen Zucker und dem Amaretto zu einer cremigen Masse rühren. Das Vanillemark dazugeben. Die karamelisierten Mandeln und Pistazien untermischen.

4. Die Sahne steif schlagen und gleichmäßig unterheben. Die Eiweiße steif schlagen, dabei den Puderzucker dazurieseln lassen. Den Eischnee sorgfältig unter die Parfaitmasse ziehen.

5. Die Masse in Portionsförmchen oder in eine Kastenform füllen und je nach Größe der Formen für 4–6 Stunden in das Gefriergerät stellen.

6. Das Parfait etwa 20 Minuten vor dem Servieren in den Kühlschrank stellen, damit es sich leichter aus den Förmchen löst.

Bild oben: Gelato di fragole
Bild unten:
Parfait ai pistacchi e mandorle

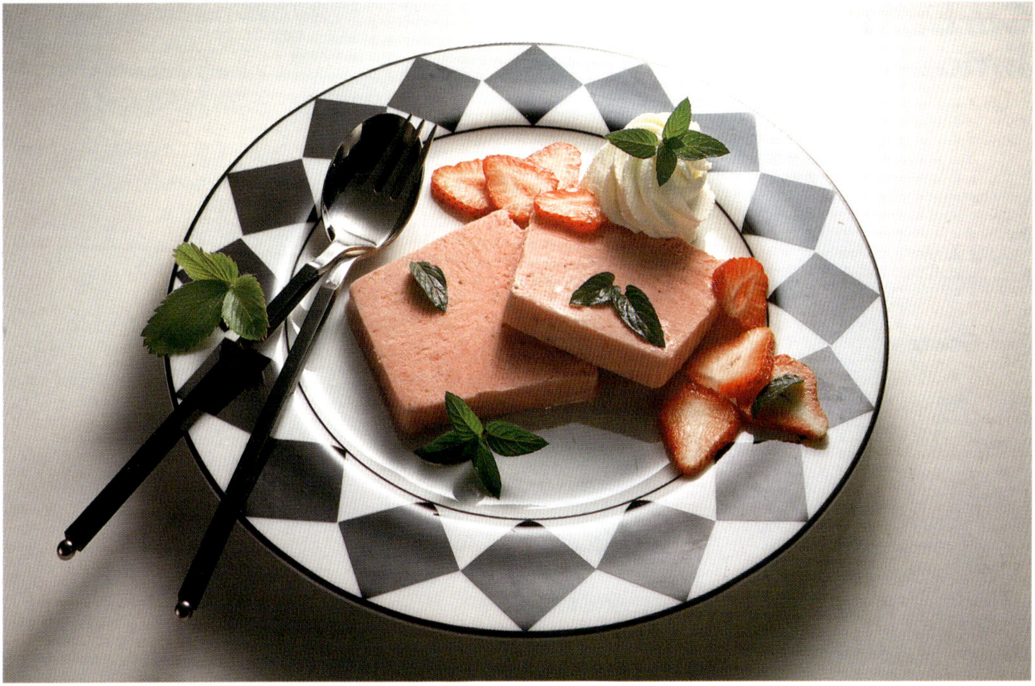

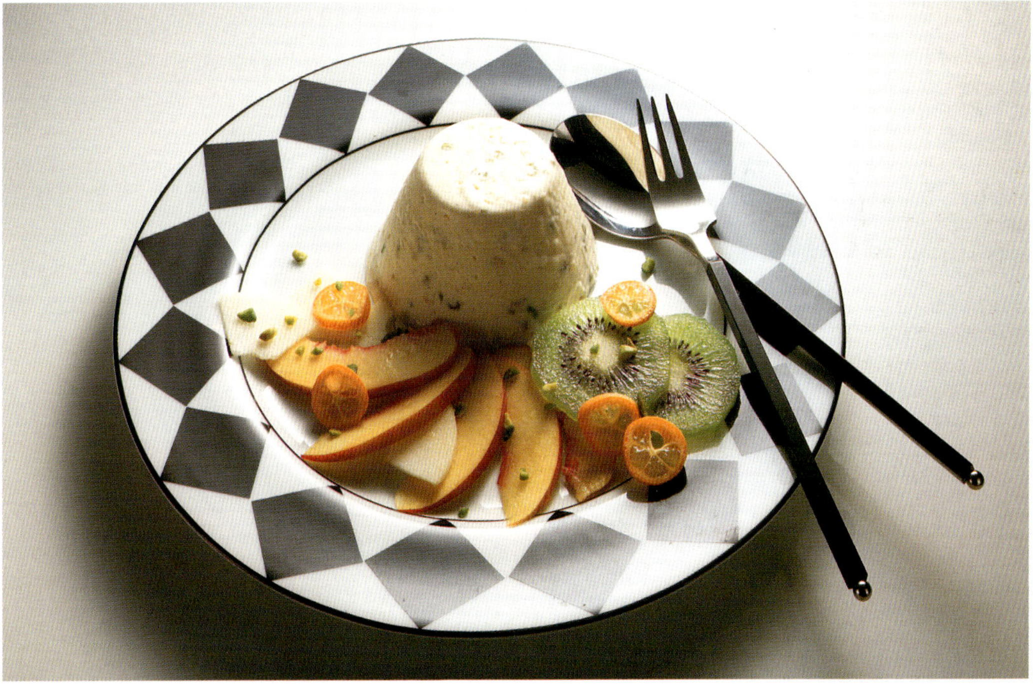

Sorbetto al limone

Zitronensorbet

Zutaten für 4 Personen:

5 unbehandelte Zitronen

350 ccm Wasser

135 g Zucker

2 Eiweiß

Für Gäste

Pro Portion etwa:
710 kJ/170 kcal
2 g Eiweiß · 0 g Fett
39 g Kohlenhydrate

- Zubereitungszeit: etwa
  3 1/2 Stunden (davon
  3 Stunden Kühlzeit)

1. Die Zitronen unter heißem Wasser gründlich abspülen. Von 4 Zitronen einen Deckel abschneiden. Das Fruchtfleisch vorsichtig herausschneiden, ohne die Schale zu verletzen, in ein Küchentuch geben und so den Saft über einer Schüssel auspressen. Die ausgehöhlten Zitronen zum Füllen aufheben und den Boden flachschneiden, damit sie stehen. Von der restlichen Zitrone die Schale abreiben und das Fruchtfleisch anderweitig verwenden.

2. Das Wasser mit dem Zucker (1 Eßlöffel aufheben) aufkochen und etwa 5 Minuten sprudelnd kochen lassen, dann den Zitronensaft und die -schale hinzufügen und kurz mitkochen.

3. Die Flüssigkeit abkühlen lassen und durch ein feinmaschiges Sieb filtern. In eine Eiswür-

felschale (ohne Gitter) oder eine kleine Metallform füllen und für etwa 1 Stunde ins Gefriergerät stellen.

4. Dann die Eiweiße mit dem Eßlöffel Zucker sehr steif schlagen und unter das halbgefrorene Sorbet ziehen.

5. Das Sorbet anschließend nochmals für etwa 2 Stunden in das Gefriergerät stellen. Dabei jede halbe Stunde gut durchrühren.

6. Zum Servieren das Zitronensorbet in die ausgehöhlten Zitronen füllen und die Deckel wieder aufsetzen.

Variante:
Auf gleiche Weise können Sie Sorbet aus Orangen und Grapefruits zubereiten.

Granita di caffè

Kaffee-Granita

Zutaten für 4 Personen:

1/2 l starker heißer Espresso

4 Eßl. Zucker

250 g Sahne

4 Eßl. Kaffeelikör

Erfrischend

Pro Portion etwa:
1000 kJ/240 kcal
6 g Eiweiß · 20 g Fett
15 g Kohlenhydrate

- Zubereitungszeit: etwa
  2 1/2 Stunden (davon
  2 Stunden Gefrierzeit)

1. In den heißen Espresso 2 Eßlöffel Zucker geben und unter Rühren auflösen, dann den Kaffee abkühlen lassen.

2. Den abgekühlten Kaffee zum Gefrieren in eine Eiswürfelschale füllen und im Gefriergerät in mindestens 2 Stunden fest werden lassen.

3. Die Sahne mit dem Handrührgerät steif schlagen, den restlichen Zucker dazurieseln lassen.

4. Kurz vor dem Servieren das Eis aus der Schale lösen und portionsweise im Blitzhacker so weit zerkleinern, daß ein grober Eisschnee entsteht. Die Granita in vier Gläser füllen, den Kaffeelikör darüber träufeln, mit der Schlagsahne garnieren und sofort servieren.

Tip!

Wenn Sie keinen Blitzhakker besitzen, den Espresso in eine Metallschüssel füllen und zum Festwerden ins Gefriergerät stellen. Dann jedoch jede halbe Stunde herausnehmen und mit dem Schneebesen durchschlagen, damit keine zu großen Eiskristalle entstehen.

Im Bild vorne: Sorbetto al limone
Im Bild hinten: Granita di caffè

Gelato di melone

Honigmelonen-Eis

Zutaten für 4 Personen:
1 Honigmelone (etwa 1 kg)
1 Teel. frische Rosmarinnadeln oder
1/2 Teel. getrocknete
2 Eigelb
3 Eßl. Puderzucker
2 Eßl. Zitronensaft
1 Eiweiß
Rosmarinzweige zum Garnieren

Raffiniert

Pro Portion etwa:
790 kJ/190 kcal
4 g Eiweiß · 3 g Fett
36 g Kohlenhydrate

- Zubereitungszeit: etwa
  4 1/2 Stunden (davon
  4 Stunden Gefrierzeit)

1. Die Honigmelone längs halbieren und die Kerne mit einem Eßlöffel herauslösen.

2. Das Fruchtfleisch mit einem Eßlöffel so herausschaben, daß ein etwa 1/2 cm dicker Rand stehen bleibt. Das Fruchtfleisch mit den Rosmarinnadeln im Mixer pürieren.

3. Die Eigelbe mit dem Puderzucker in eine Schüssel geben und mit dem Handrührgerät zu einer cremigen, hellgelben Masse schlagen. Den Zitronensaft und das Fruchtpüree hinzufügen.

4. Das Eiweiß zu sehr steifem Schnee schlagen und unter die Masse rühren.

5. Die Melonenhälften mit der Eismasse füllen und für mindestens 4 Stunden in das Gefriergerät stellen.

6. Die Masse immer wieder mit einer Gabel durchziehen, damit sich keine großen Eiskristalle bilden.

7. Vor dem Servieren das Eis etwa 1/4 Stunde in den Kühlschrank stellen. Dann das Eis und die Fruchthälften mit einem scharfen Messer, das Sie vorher in heißes Wasser tauchen, in Viertel teilen.

8. Die Melonenschiffchen auf Desserttellern anrichten und mit Rosmarin garnieren.

Gelato di cioccolate con grappa

Schokoladeneis mit Grappa

Zutaten für 4 Personen:
100 g Zartbitter-Schokolade
400 g Sahne
4 Eigelb
5 Eßl. Zucker
4 cl Grappa nach Belieben

Ganz einfach
Braucht etwas Zeit

Pro Portion etwa:
2400 kJ/570 kcal
7 g Eiweiß · 45 g Fett
30 g Kohlenhydrate

- Zubereitungszeit: etwa
  3 3/4 Stunden (davon
  3 Stunden Gefrierzeit)

1. Von der Schokolade 80 g in grobe Stücke brechen und mit der Hälfte der Sahne in einem Topf erhitzen. Immer wieder umrühren, bis die Schokolade ganz geschmolzen ist. Nicht aufkochen. Den Topf vom Herd nehmen, die Masse ganz abkühlen lassen, dabei ab und zu durchrühren.

2. Die Eigelbe mit dem Zucker in einer Schüssel cremig rühren. Die Schüssel in ein leicht siedendes Wasserbad stellen und die Creme weiterschlagen.

3. Dabei die Schokoladen-Sahnemischung langsam einfließen lassen.

4. Die restliche Schokolade in kleine Stücke hacken. Die übrige Sahne halbsteif schlagen und mit den Schokoladenstückchen und der Grappa untermischen.

5. Die Eismasse in eine kleine Kastenform oder in einen Plastik-Tiefkühlbehälter füllen und für mindestens 3 Stunden in das Gefriergerät stellen.

6. Das Eis vor dem Servieren mindestens 30 Minuten in den Kühlschrank stellen, damit es geschmeidiger wird. Zum Servieren mit einem Löffel Nocken oder mit dem Eisportionierer Kugeln abstechen.

Bild oben: Gelato di melone
Bild unten:
Gelato di cioccolate con grappa

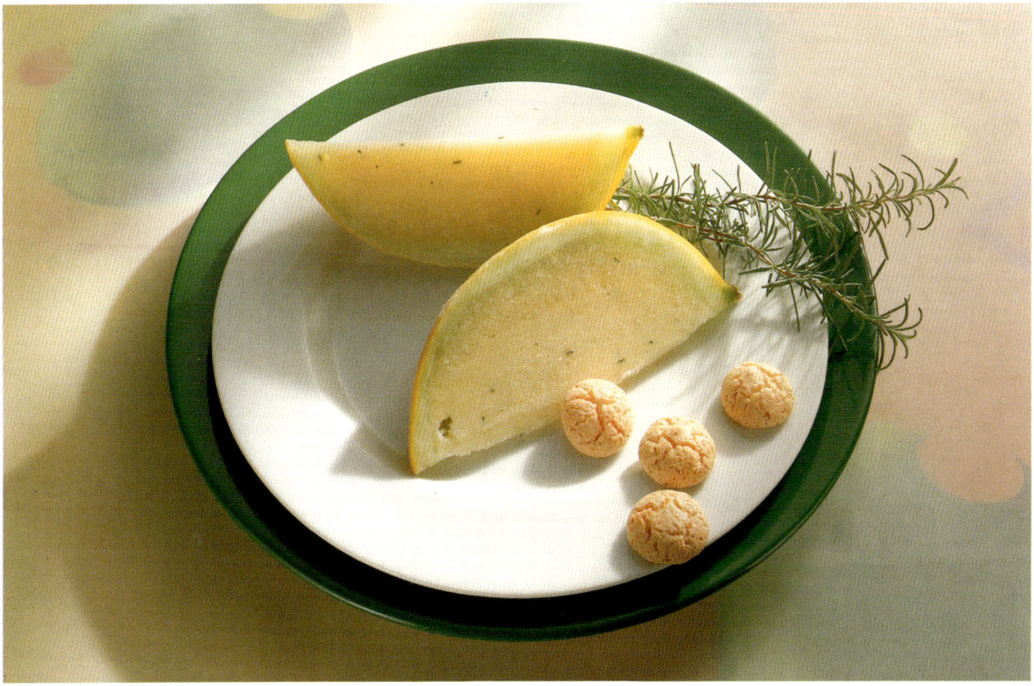

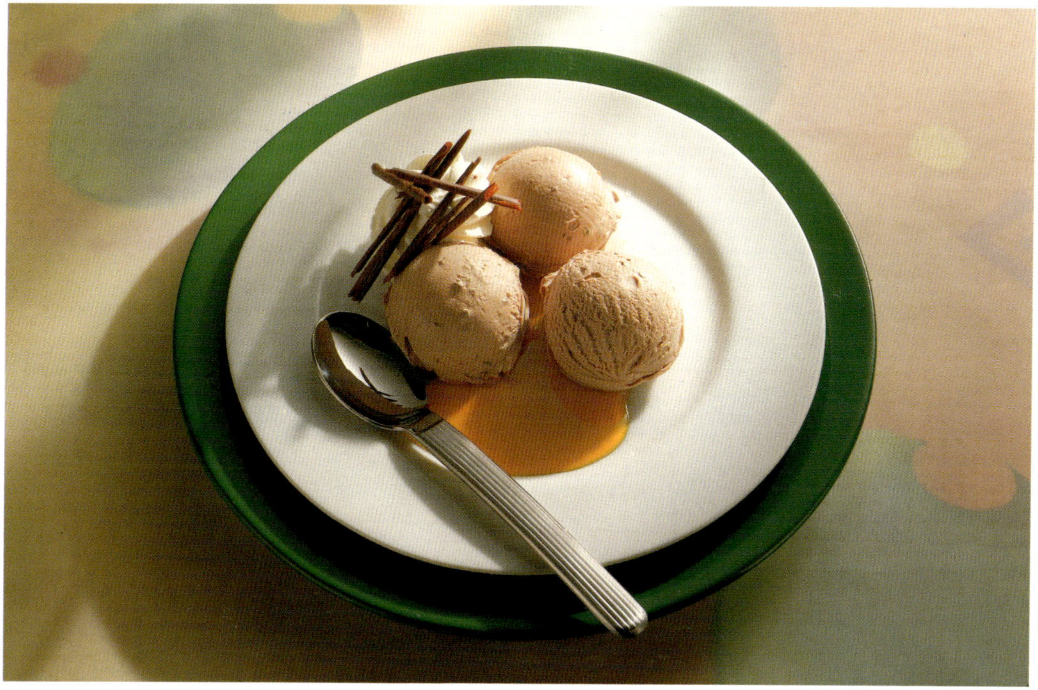

Cenci

Fritiertes Kleingebäck

»Cenci« heißt zu deutsch »Lumpen«. Den Namen haben sie durch ihre bizarren Formen. Ursprünglich gab es sie nur während der Fastenzeit.

Zutaten für etwa 60 Stück:
300 g Mehl
50 g Zucker
2 Eier
abgeriebene Schale von
1 unbehandelten Orange
3 Eßl. Olivenöl
3 Eßl. Vin Santo (oder Marsala)
1 Prise Salz
Mehl für die Arbeitsfläche
1 l Öl zum Ausbacken
Puderzucker zum Bestäuben

Preiswert

Pro Stück etwa:
270 kJ/64 kcal
1 g Eiweiß · 4 g Fett
6 g Kohlenhydrate

- Zubereitungszeit: etwa
  1 1/4 Stunden

1. Das Mehl in eine große Schüssel sieben und in die Mitte eine Vertiefung drücken. In diese Mulde den Zucker, die Eier, die Orangenschale, das Olivenöl, den Vin Santo und das Salz geben. Alle Zutaten am besten mit den Händen gut verkneten, bis ein geschmeidiger Teig entstanden ist. Dann zur Kugel formen und etwa 1/2 Stunde im Kühlschrank ruhen lassen.

2. Die Arbeitsfläche leicht mit Mehl bestäuben und den Teig darauf etwa 2 mm dick ausrollen. Mit einem Messer etwa 3 cm breite Streifen ausschneiden und diese diagonal in etwa doppelt so lange Rauten teilen.

3. Das Öl erhitzen und die Cenci darin portionsweise in 2–3 Minuten goldgelb ausbacken. Auf Küchenkrepp abtropfen lassen, mit Puderzucker bestäuben und noch lauwarm servieren. Dazu schmeckt ein Vin Santo.

Biscotti di Prato

Mandelkekse

Zum So-Essen sind sie fast zu hart. Deshalb stippen die Toskaner sie in Vin Santo. In einer gut schließenden Blechdose sind die Biscotti di Prato lange haltbar.

Zutaten für etwa 30 Stück:
200 g ungeschälte Mandeln
400 g Mehl
1 Prise Salz
300 g Zucker
3 Eier
2 Eigelb
1 gestrichener Eßl. Backpulver
1 Prise Safran
eventuell etwas Milch
Fett und Mehl für das Backblech

Preiswert

Pro Stück etwa:
560 kJ/130 kcal
3 g Eiweiß · 4 g Fett
20 g Kohlenhydrate

- Zubereitungszeit: etwa
  1 1/4 Stunden

1. Die ungeschälten Mandeln in einer beschichteten Pfanne ohne Fett leicht anrösten.

2. Das Mehl in eine Schüssel sieben, eine Mulde in die Mitte drücken und das Salz, den Zucker, die Eier und 1 Eigelb, das Backpulver und den Safran hineingeben. Alle Zutaten zu einem geschmeidigen Teig verkneten. Sollte der Teig zu fest werden, etwas Milch hinzufügen.

3. Zum Schluß die angerösteten Mandeln unterkneten.

4. Den Backofen auf 175° vorheizen. Das Backblech einfetten und mit Mehl bestäuben.

5. Aus dem Teig etwa 4–5 cm lange und 1 cm dicke Stangen formen. Die Teigstangen auf das Blech legen, mit dem restlichen Eigelb bepinseln und im Backofen (Mitte) etwa 30 Minuten backen. Sie haben dann leicht Farbe.

6. Die Mandelstangen vom Blech nehmen und in etwa zentimeterbreite schräge Stücke schneiden.

Im Bild vorne: Biscotti di Prato
Im Bild hinten: Cenci

Còccoli

Reisplätzchen

Sie haben ihren Namen von der rundlichen Frucht der Zypresse, sie heißt »Còccola«.

Zutaten für etwa 30 Stück:
1 l Milch
150 g Zucker
1 Prise Salz
300 g Milchreis
4 Eier
100 g Mehl
abgeriebene Schale von
1 unbehandelten Orange
2 Eßl. Backpulver
Olivenöl zum Ausbacken
5 Eßl. Zucker zum Bestreuen
2 Teel. Zimtpulver

Preiswert

Pro Stück etwa:
490 kJ/120 kcal
3 g Eiweiß · 4 g Fett
19 g Kohlenhydrate

• Zubereitungszeit: etwa 1 Stunde

1. Die Milch mit dem Zucker und dem Salz aufkochen. Den Reis einstreuen und in etwa 40 Minuten weich kochen, dann abkühlen lassen.

2. Dann die Eier, das Mehl, die Orangenschale und das Backpulver dazufügen und alles gut vermischen.

3. Soviel Olivenöl in einem größeren Topf erhitzen, daß Sie die Plätzchen darin schwimmend ausbacken können. Die Reismasse mit einem Eßlöffel abstechen und im heißen Öl goldgelb ausbacken.

4. Die Reisplätzchen auf Küchenkrepp abtropfen lassen.

5. Den Zucker mit dem Zimt in einem Teller mischen und die Reisplätzchen darin wälzen.

Amaretti

Mandelmakronen

Amaretti dürfen in der »Dolci«-Küche nicht fehlen. Sie finden in vielen Desserts Verwendung, schmecken aber auch zum Espresso.

Zutaten für etwa 50 Stück:
180 g ungeschälte süße Mandeln
30 g ungeschälte bittere Mandeln
3 Eiweiß
1 Prise Salz
250 g Zucker
Fett für das Backblech

Raffiniert

Pro Stück etwa:
200 kJ/48 kcal
1 g Eiweiß · 2 g Fett
5 g Kohlenhydrate

• Zubereitungszeit: etwa
1 1/4 Stunden

1. Die süßen und die bitteren Mandeln mit kochendem Wasser überbrühen, etwas stehenlassen und dann die Haut abziehen.

2. In einer Mandelmühle oder im Mixer so fein wie möglich mahlen.

3. Den Backofen auf 150° vorheizen. Das Backblech einfetten.

4. Die Eiweiße mit dem Salz sehr steif schlagen. Eßlöffelweise den Zucker dazurieseln lassen.

5. Die gemahlenen Mandeln vorsichtig, aber gründlich unter den Eischnee heben.

6. Die Makronenmasse mit einem Teelöffel häufchenweise auf das Blech setzen.

7. Die Mandelmakronen im Backofen (Mitte) 20−30 Minuten backen, bis sie ganz leicht braun gefärbt sind.

Tip!

Wenn Sie keine Bittermandeln bekommen, können Sie auch Bittermandelöl verwenden. Davon reichen ein paar Tropfen.

Im Bild vorne: Amaretti
Im Bild hinten: Còccoli

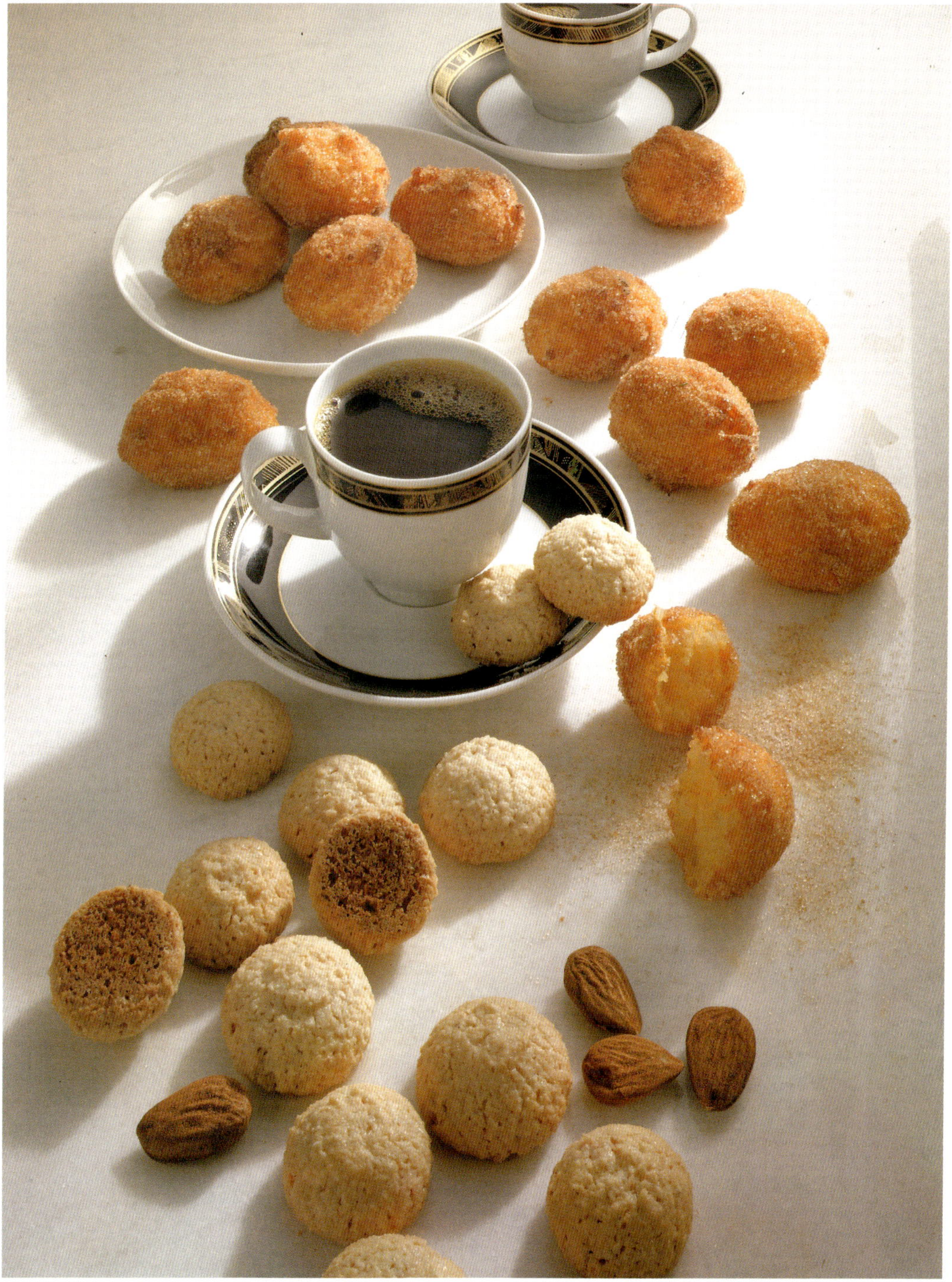

Salame dolce

Süße Salami

Eine witzige Nascherei, die sich im Kühlschrank gut hält. Ideal für überraschenden Besuch.

Zutaten für 4 Personen:
100 g Zucker
2 Eigelb
150 g Butter
2 Eßl. Kakaopulver
4 Eßl. Likör (Grand Marnier, Curaçao) nach Belieben
200 g Butterkekse

Gelingt leicht

Pro Portion etwa:
2700 kJ/640 kcal
6 g Eiweiß · 39 g Fett
66 g Kohlenhydrate

- Zubereitungszeit:
  3 1/2 – 4 1/2 Stunden (davon
  3 – 4 Stunden Kühlzeit)

1. Den Zucker und die Eigelbe mit dem Schneebesen des Handrührgerätes schaumig rühren, bis sich der Zucker aufgelöst hat. Dann die Butter zerlassen und mit dem Kakao und dem Likör unterrühren.

2. Die Kekse in ein Küchentuch wickeln und mit dem Fleischklopfer nicht zu fein zerbröckeln. Die Keksbrösel dann gut mit den übrigen Zutaten zu einem festen Teig verkneten.

3. Den Keksteig zu einer großen oder zwei kleinen Rollen formen, fest in Alufolie einwickeln und für 3 – 4 Stunden in den Kühlschrank legen.

4. Zum Servieren die Salame dolce in Scheiben schneiden und als Konfekt reichen.

Fichi alla cioccolata

Schokoladenfeigen

Ein ganz besonderes Konfekt, das zu Kaffee sehr gut schmeckt. Es eignet sich auch als Geschenk, das in einer Blechdose schön aussieht und frisch bleibt.

Zutaten für etwa 20 Stück:
80 g ungeschälte Mandeln
400 g große getrocknete Feigen
Fett für das Backblech
40 g Zitronat
1 Teel. Nelkenpulver
200 g Blockschokolade
50 ccm Wasser
1 Eßl. Zucker

Für Gäste

Pro Stück etwa:
560 kJ/130 kcal
2 g Eiweiß · 6 g Fett
18 g Kohlenhydrate

• Zubereitungszeit: etwa 1 Stunde

Variante:
Sie können die gefüllten Feigen auch in einem Gemisch aus Zucker und Kakaopulver wälzen.

1. Die Mandeln mit kochendem Wasser überbrühen und häuten. Dann in einer beschichteten Pfanne ohne Fett etwa 5 Minuten rösten, bis sie Farbe annehmen. Dabei immer mit einem Holzlöffel oder einem Bratenwender aus Plastik umrühren.

2. Die Feigen von dem kleinen harten Stielansatz befreien und mit einem scharfen Messer quer in der Mitte zur Hälfte aufschneiden. Den Backofen auf 160° vorheizen. Das Backblech einfetten.

3. Das Zitronat klein würfeln und jede Feige mit 2 Mandeln, etwas Zitronat und Nelkenpulver füllen. Dann die Feigen an den Rändern wieder gut zudrücken. Die gefüllten Feigen auf das Blech setzen, in den Backofen (Mitte) schieben und etwa 15 Minuten anbräunen lassen.

4. Die Blockschokolade mit dem Wasser und dem Zucker in einem kleinen Topf schmelzen. Die gefüllten Feigen auf einen Spieß stecken, hineintauchen, auf ein Kuchengitter legen und trocknen lassen. Möglichst nebeneinander liegend in einer Blechdose aufbewahren.

Pinocchiate

Pinienplätzchen

Dieses Gebäck hat man schon in der Zeit der Renaissance in Umbrien gebacken.

Zutaten für etwa 25 Stück:
2 Eiweiß
1 Prise Salz
150 g Pinienkerne
125 g Zucker
abgeriebene Schale von
1/2 unbehandelten Zitrone
Fett für das Blech

Raffiniert

Pro Stück etwa:
270 kJ/64 kcal
1 g Eiweiß · 4 g Fett
6 g Kohlenhydrate

- Zubereitungszeit: etwa
  1 1/4 Stunden

1. Die Eiweiße mit dem Salz zu steifem Schnee schlagen.

2. 100 g Pinienkerne mahlen und in einer Schüssel mit dem Zucker und der Zitronenschale vermischen. Diese Masse dann eßlöffelweise unter ständigem Schlagen zum Eischnee geben.

3. Die restlichen Pinienkerne grob hacken und vorsichtig unter die Makronenmasse ziehen.

4. Den Backofen auf 120° vorheizen. Das Backblech einfetten. Mit einem Eßlöffel vom Makronenteig Häufchen abstechen und auf das Backblech setzen, dabei den Löffel zwischendurch in Wasser tauchen.

5. Die Pinienplätzchen im Backofen (Mitte) etwa 50 Minuten backen, dann auf einem Kuchengitter auskühlen lassen. Sie halten sich in einer Plätzchendose luftdicht verpackt etwa 6 Wochen.

Tip!

Eine regelmäßige Form erhalten die Plätzchen, wenn Sie die Masse mit einem Teelöffel abstechen und mit Hilfe eines zweiten Teelöffels rund formen.

Ricciarelli di Siena

Mandelgebäck

Zutaten für etwa 50 Stück:
250 g geschälte Mandeln
150 g Zucker
100 g Puderzucker
1 Päckchen Vanillinzucker
2 Eiweiß
Fett oder Backpapier für das Blech
Puderzucker zum Bestäuben

Braucht etwas Zeit

Pro Stück etwa:
220 kJ/52 kcal
1 g Eiweiß · 3 g Fett
5 g Kohlenhydrate

- Zubereitungszeit: etwa
  13 1/2 Stunden (davon
  12 Stunden Ruhezeit)

1. Die Mandeln in einer beschichteten Pfanne ohne Fett etwa 10 Minuten rösten. Dabei immer wieder wenden. Herausnehmen und abkühlen lassen.

2. Die Mandeln im Blitzhacker oder im Mörser fein mahlen.

3. Die gemahlenen Mandeln mit dem Zucker, der Hälfte des Puderzuckers und dem Vanillinzucker mischen.

4. Die Eiweiße zu sehr steifem Schnee schlagen und nach und nach unterziehen.

5. Das Backblech einfetten oder mit Backpapier auslegen. Mit den Händen aus dem Teig kleine Rauten von etwa 3 cm Länge formen und auf das Backblech setzen. Oder den Teig ausrollen und in Rhomben schneiden. Mit Puderzucker bestäuben und über Nacht an einem kühlen Platz ruhen lassen.

6. Den Backofen auf 160° vorheizen. Das Blech in die Mitte schieben und die Ricciarelli in etwa 20 Minuten hellgelb backen. Herausnehmen, abkühlen lassen und nochmals mit Puderzucker bestäuben.

Im Bild vorne: Ricciarelli di Siena
Im Bild hinten: Pinocchiate

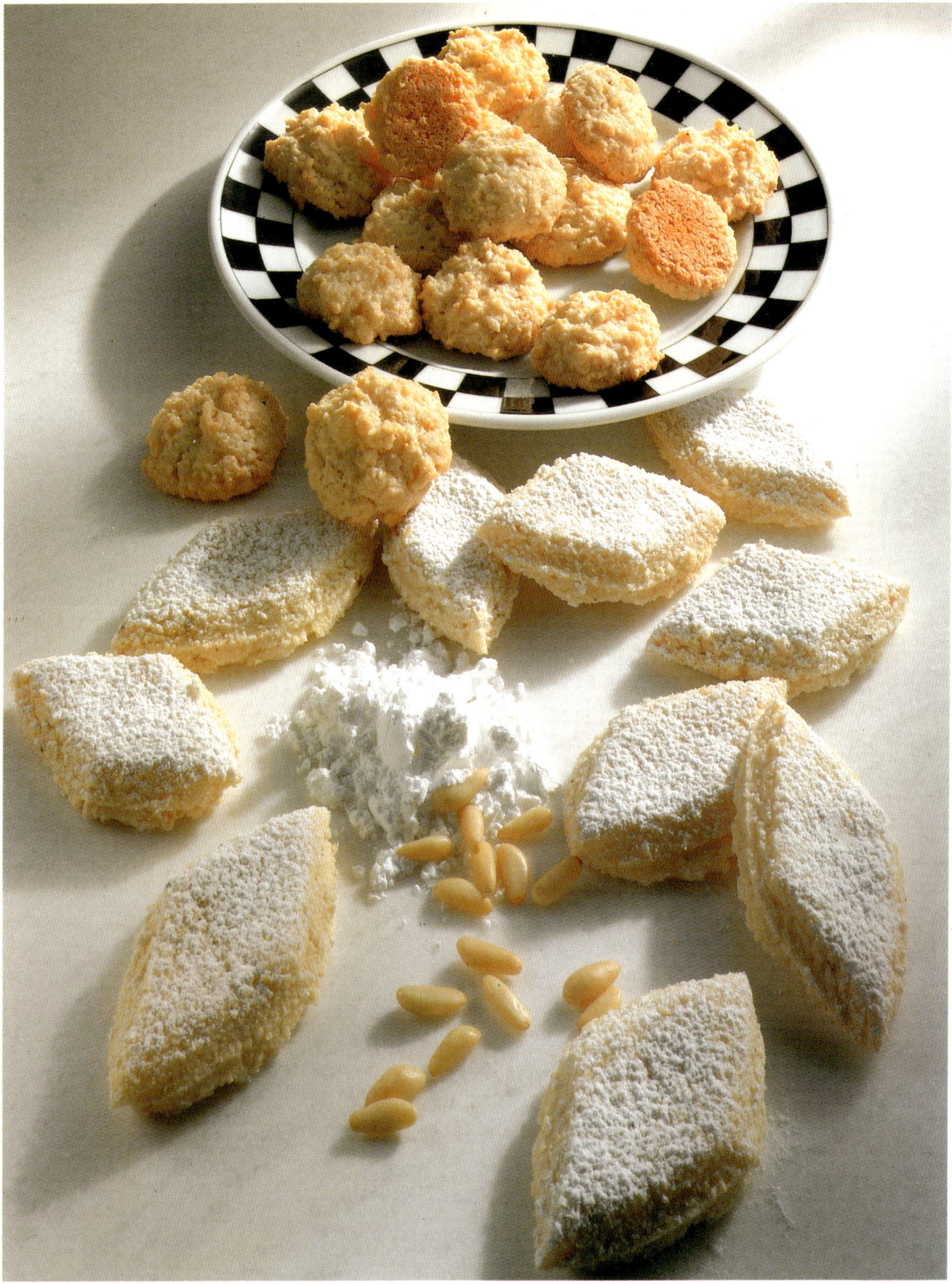

Torta di amaretti

Amaretti-Torte

Sie schmeckt auch zum Kaffee mit Sahne oder als Dessert, dann reicht sie gut für 6 Personen. Amaretti können Sie in gut sortierten Spezialitäten- oder Feinkostläden kaufen oder selber backen.

Zutaten für eine Spring- oder Pieform von 26 cm Ø:
Für den Teig:
200 g Mehl
1 Messerspitze Backpulver
1 Prise Salz
50 g Zucker
1 Päckchen Vanillinzucker
100 g Butter
1 Ei
1 Eßl. Milch
Fett für die Form
Für die Füllung:
3 Eier
50 g gemahlene Mandeln
3 Eßl. Crème fraîche
200 g Amaretti (Mandelmakronen)
6 Eßl. Amaretto (oder Fruchtsaft)
4 Eßl. Puderzucker

Für Gäste
Gut vorzubereiten

Bei 12 Stück pro Stück etwa:
2200 kJ/528 kcal
11 g Eiweiß · 29 g Fett,
54 g Kohlenhydrate

- Zubereitungszeit: etwa
  2 1/4 Stunden

1. Für den Teig das Mehl mit dem Backpulver in einer Schüssel mischen. Das Salz, den Zucker, den Vanillinzucker und die Butter in kleinen Stücken hinzufügen und alles zu einem glatten Teig verkneten. Dabei das Ei und die Milch unterarbeiten.

2. Den Teig zu einer Kugel formen und für etwa 30 Minuten in den Kühlschrank legen.

3. Den Backofen auf 200° vorheizen. Die Form einfetten.

4. Den Teig ausrollen, in die Form legen und einen 3 cm hohen Rand formen. Den Teigboden mit einer Gabel mehrmals einstechen. Den Boden im Backofen (unten) etwa 20 Minuten backen. Dann herausnehmen und die Hitze auf 140° zurückschalten.

5. Für die Füllung die Eier trennen. Die Eigelbe mit den gemahlenen Mandeln und der Crème fraîche verrühren und auf den etwas abgekühlten Teig streichen.

6. Die Amaretti nebeneinander darauf setzen und gleichmäßig mit dem Amaretto beträufeln.

7. Die Eiweiße mit dem Puderzucker sehr steif schlagen und auf die Amaretti streichen. Die Oberfläche mit einem Eßlöffel wolkig auflockern.

8. Die Torte in 25–35 Minuten im Backofen (Mitte) fertigbacken, bis die Füllung gestockt ist.

Variante:
Amaretti haben einen ganz typischen, leichten Bittergeschmack. Wer den nicht so gerne hat, kann eine andere Variante probieren und zwar mit Kokos- oder Haselnuß-Makronen. Sie sind ebenfalls leicht selbst zu machen. Außerdem erhalten Sie sie in Bäckereien oder Konditoreien.

Tip!
Die Amaretti-Torte hält sich gut bis zu 3 Tagen im Kühlschrank.

In einer Pieform bekommt die Torta di Amaretti den hübsch gewellten Rand. Da sie sich gut vorbereiten läßt, ist sie für Feste ideal.

Schiacciata

Blechkuchen

Zutaten für 1 Backblech:

250 g Mehl

1/2 Würfel Hefe (20 g)

90 g Zucker

2 Eßl. lauwarmes Wasser

1 Ei

70 g weiche Butter

1 Prise Salz

Muskatnuß, frisch gerieben

2 Teel. abgeriebene Schale von

1 unbehandelten Zitrone

Fett für das Backblech

1 kg weiße oder blaue Weintrauben

2 Eßl. Olivenöl

Für Gäste

Bei 12 Stück pro Stück etwa:
980 kJ/230 kcal
4 g Eiweiß · 8 g Fett
37 g Kohlenhydrate

- Zubereitungszeit: etwa
  2 1/2 Stunden (davon
  1 Stunde 5 Minuten Ruhezeit)

1. Das Mehl in eine Schüssel sieben und in die Mitte eine Mulde drücken. Die Hefe mit 1 Teelöffel Zucker und dem Wasser verrühren und in die Mulde gießen. Zugedeckt etwa 20 Minuten stehenlassen.

2. Dann das Ei, die Butter, den restlichen Zucker (1 Eßlöffel zurückbehalten), das Salz, Muskat und die Zitronenschale dazufügen und alles zu einem geschmeidigen Teig verarbeiten. Diesen noch etwa 10 Minuten kräftig kneten.

3. Das Backblech einfetten, den Teig darauf etwa 2 mm dick ausrollen, mit einem Küchentuch zudecken und etwa 45 Minuten gehen lassen. Den Backofen auf 180° vorheizen.

4. Die Trauben waschen, von den Rispen zupfen und trockentupfen. Auf dem Teig verteilen, etwas andrücken, mit dem Olivenöl beträufeln und mit dem Eßlöffel Zucker bestreuen.

5. Den Traubenkuchen im Backofen (Mitte) etwa 30 Minuten backen. Am besten gleich warm servieren.

Torta di maroni

Kastanientorte

Zutaten für eine Springform von
26 cm Ø:

150 g Mehl

100 g kalte Butter

170 g Zucker

1 Ei

1 Prise Salz

Mark von 1 Vanilleschote

3 Eigelb

abgeriebene Schale von

1/2 unbehandelten Zitrone

2 Eßl. Crème fraîche

450 g (1 Dose) ungesüßtes
Kastanienpüree (Feinkostgeschäft
oder Reformhaus)

Fett für die Form

2 Eßl. Mandelblättchen

Exklusiv

Bei 16 Stück pro Stück etwa:
920 kJ/220 kcal
3 g Eiweiß · 10 g Fett
29 g Kohlenhydrate

- Zubereitungszeit: etwa
  2 1/4 Stunden

1. Das Mehl in eine Schüssel sieben. Die kalte Butter in Flöckchen schneiden und darauf verteilen. 50 g Zucker, das Ei und das Salz dazugeben. Zu einem geschmeidigen Teig verkneten. Den Teig zu einer Kugel formen und etwa 1 Stunde kalt stellen.

2. Inzwischen den restlichen Zucker und das Vanillemark mit den Eigelben in einer Schüssel dickschaumig schlagen. Die Zitronenschale und die Crème fraîche dazugeben. Dann das Kastanienpüree eßlöffelweise unterrühren.

3. Den Backofen auf 220° vorheizen. Die Springform einfetten. Den Mürbeteig messerrückendick ausrollen und die Form damit auslegen. Dabei einen etwa 3 cm hohen Rand hochziehen. Den Teigboden mehrmals mit einer Gabel einstechen und im Backofen (Mitte) etwa 15 Minuten vorbacken.

4. Den Backofen auf 180° herunterschalten. Die Kastaniencreme auf dem Teigboden verteilen und glattstreichen. Mit den Mandelblättchen bestreuen. Die Torte in etwa 30–40 Minuten fertigbacken, bis die Creme fest ist.

Im Bild vorne: Torta di maroni
Im Bild hinten: Schiacciata

Panforte di Siena

Gewürzter Nußkuchen

Die Panforte ist neben den Biscotti di Prato das berühmteste süße Souvenir aus der Toskana. In Siena wird sie schon seit Jahrhunderten nach traditionellen Rezepten gebakken. Sie geht nicht beim Bakken wie andere Kuchen auf, sondern sie bleibt flach und ist nur wenige Zentimeter hoch. Sie ist recht mächtig, deshalb wird sie in schmalen Stücken serviert. Sie ist übrigens auch ein attraktives Geschenk, traditionell zu Weihnachten.

Zutaten für eine Springform

von 26 cm Ø:

100 g Haselnüsse

100 g ungeschälte Mandeln

150 g Orangeat

50 g Zitronat

3 Eßl. Kakaopulver

50 g Mehl

1 Teel. Zimtpulver

je 1 Prise gemahlene Nelke, Ingwer,
Muskatnuß und Koriander

100 g Zucker

100 g Honig

Fett und Pergamentpapier für die
Form

1 Eßl. Puderzucker

Spezialität
Gut vorzubereiten

Bei 20 Stück pro Stück etwa:
560 kJ/130 kcal
2 g Eiweiß · 6 g Fett
18 g Kohlenhydrate

● Zubereitungszeit: etwa
  1 1/2 Stunden

1. Den Backofen auf 200° vorheizen. Die Haselnüsse auf ein Backblech geben und im Backofen (Mitte) in 5–8 Minuten anrösten. Dann die Nüsse in einem Küchentuch kräftig aneinanderreiben, damit sich die braune Haut ablöst. Den Backofen auf 150° herunterschalten.

2. Die Mandeln in eine Schüssel geben, mit kochendem Wasser überbrühen und häuten.

3. Die Haselnüsse und die Mandeln grob hacken. Das Orangeat und das Zitronat in feine Würfel schneiden und alles mit dem Kakaopulver, dem Mehl, 1/2 Teelöffel Zimt und den anderen Gewürzen mischen.

4. Den Zucker mit dem Honig in einem Topf verrühren und langsam erhitzen, dabei immer weiterrühren, bis sich der Zucker aufgelöst hat. Dann die Nußmischung hineingeben und alles gut vermengen.

5. Das Pergamentpapier in Größe der Springform zurechtschneiden und gut einfetten. Die Springform mit dem Pergamentpapier auslegen, die Masse einfüllen und glattstreichen. Etwa 30 Minuten im Backofen (Mitte) backen.

6. Den Kuchen aus der Form nehmen, das Pergamentpapier entfernen und den Kuchen auskühlen lassen. Vor dem Servieren den Puderzucker und den restlichen Zimt vermischen und darüber streuen.

Tip!

Die Panforte schmeckt am besten, wenn sie etwas durchgezogen ist. Sie können sie schon einige Tage im voraus backen.

Variante:

Im Originalrezept ist es eine große flache Torte. Wer lieber mehrere kleine Panforte-Törtchen haben möchte, kann einfach die Menge teilen und die Masse wie kleine Plätzchen backen, dann verringert sich die Backzeit etwa um die Hälfte. Statt Orangeat und Zitronat können Sie auch Trockenobst und/oder kandierte Früchte verwenden.

Die Panforte di Siena hält sich gut einige Tage und wird durchs Stehen eher noch besser.

Torta di albicocche

Aprikosentorte

Zutaten für eine Springform
von 26 cm Ø:

100 g Mehl

80 g Speisestärke

1 Päckchen Backpulver

6 Eier

200 g Puderzucker

1 Teel. Vanillinzucker

Fett für die Form

750 g reife Aprikosen

450 g Aprikosenmarmelade

2 cl Grappa (oder Aprikosensaft)

Mandelblättchen zum Verzieren

Für Gäste

Bei 12 Stück pro Stück etwa:
1280 kJ/307 kcal
5 g Eiweiß · 5 g Fett
57 g Kohlenhydrate

- Zubereitungszeit: etwa
  1 1/2 Stunden

1. Den Backofen auf 200° vorheizen. Das Mehl mit der Speisestärke und dem Backpulver vermischen.

2. Die Eier trennen. Die Eigelbe mit dem Puder- und dem Vanillinzucker cremig schlagen. Die Eiweiße steif schlagen und vorsichtig unterziehen. Das Mehl unterheben.

3. Die Springform einfetten, den Teig einfüllen und im Backofen (unten) backen. Nach etwa 20 Minuten mit Alufolie abdecken. Nach weiteren 20 Minuten die Stäbchenprobe machen, eventuell noch etwas

nachbacken, dann den Boden abkühlen lassen.

4. Die Aprikosen waschen, halbieren und entsteinen. Für 2–3 Minuten in kochendes Wasser geben, dann abtropfen lassen.

5. Den Tortenboden quer in 3 Platten schneiden. Die Marmelade mit der Grappa verrühren, die untere Teigplatte bestreichen. Die zweite Platte darauf legen und bestreichen. Mit der dritten Platte genauso verfahren.

6. Die Aprikosen auf den Kuchen legen. Die restliche Marmelade mit einem Pinsel auf die Aprikosen und die Seiten der Torte streichen. Die Tortenseiten mit Mandelblättchen verzieren.

Torta al limone

Zitronentorte

Zutaten für eine Springform
von 26 cm Ø:

Für den Teig:

125 g weiche Butter

100 g Zucker

1 Ei

250 g Mehl

Für die Füllung:

2 unbehandelte Zitronen

150 g Butter

3 Eier

120 g Zucker

50 g gemahlene Mandeln

50 g gemahlene Pistazien

Fett für die Form

Exklusiv

Bei 12 Stück pro Stück etwa:
1730 kJ/380 kcal
67 g Eiweiß · 26 g Fett
35 g Kohlenhydrate

- Zubereitungszeit: etwa
  1 3/4 Stunden

1. Für den Teig die Butter mit dem Zucker und dem Ei schaumig schlagen. Das Mehl dazusieben und unterarbeiten. Den Teig durchkneten, zur Kugel formen und etwa 30 Minuten in den Kühlschrank legen.

2. Dann den Backofen auf 200° vorheizen. Für die Füllung 1 Zitrone heiß abbürsten und die Schale abreiben. Beide Zitronen auspressen.

3. Die Butter bei milder Hitze schmelzen. Die Eier mit dem Zucker schaumig schlagen, die Zitronenschale dazugeben und ein Viertel des Zitronensaftes und die Butter langsam dazufließen lassen. Die Mandeln, die Pistazien und den restlichen Zitronensaft untermischen.

4. Die Springform einfetten. Den Teig ausrollen, in die Form legen und einen Rand von 3 cm hochdrücken. Die Zitronenmasse darauf verteilen.

5. Die Torte im Backofen (Mitte) etwa 45 Minuten backen. Wenn die Oberfläche zu dunkel wird, mit Alufolie abdecken. Die Torte gut gekühlt servieren.

Im Bild vorne: Torta al limone
Im Bild hinten: Torta di albicocche

Torta di riso

Reistorte

Ein üppiges Dessert, das sich auch für viele Leute auf einem Partybuffet gut eignet.

Zutaten für 1 Gugelhupfform
von 1 1/2 l Inhalt:
knapp 1 l Milch
1 Prise Salz
200 g Milchreis
150 g Zucker
50 g ungeschälte Mandeln
50 g gemischte kandierte Früchte,
klein gewürfelt
2 Eßl. Mehl
2 Eier
abgeriebene Schale von
1 unbehandelten Zitrone
1 Päckchen Vanillinzucker
Butter und Semmelbrösel für die Form

**Ausgefallen
Gut vorzubereiten**

Bei 12 Stück pro Stück etwa:
950 kJ/230 kcal
6 g Eiweiß · 7 g Fett
36 g Kohlenhydrate

- Zubereitungszeit: etwa
  2 1/2 Stunden

1. Die Milch zum Kochen bringen. Das Salz, den Reis und 50 g Zucker hinzufügen und den Reis zugedeckt in 30–40 Minuten ausquellen lassen. Zwischendurch mehrmals umrühren. Den fertigen Reis ganz auskühlen lassen.

2. Inzwischen etwas Wasser aufkochen. Die Mandeln für 2–3 Minuten ins kochende Wasser geben. Anschließend von der Schale befreien und fein hacken. Die Früchte im Mehl wenden, damit sie im Teig nicht absinken.

3. Die Eier trennen. Die Eigelbe mit dem restlichen Zucker schaumig rühren, dann den Reis, die abgeriebene Zitronenschale, die gehackten Mandeln, die kandierten Früchte und den Vanillinzucker dazugeben. Alle Zutaten gut verrühren.

4. Den Backofen auf 160° vorheizen.

5. Die Eiweiße zu steifem Schnee schlagen und vorsichtig unter die Reismasse ziehen. Die Gugelhupfform mit Butter ausstreichen und mit Semmelbröseln ausstreuen. Den Teig in die Form füllen und im Backofen (Mitte) 1 1/4–1 1/2 Stunden backen.

6. Den Reiskuchen auf ein Kuchengitter stürzen und ganz auskühlen lassen.

Variante:
Als Dessert ist die Reistorte sehr üppig, Sie können sie auch gut als süßes Hauptgericht reichen. Leicht lauwarm schmeckt sie mit einer Vanillesauce oder einer Zabaione. Erfrischend ist sie mit einem gemischten Obstsalat oder frischen Früchten.

Tips!

Die Torte schmeckt noch besser, wenn sie einen Tag durchgezogen hat.
Gut gekühlt hält sich die Reistorte einige Tage und ergibt so immer eine kleine Zwischenmahlzeit. Noch typischer wird die Reistorte, wenn Sie echten italienischen Rundkornreis, zum Beispiel Avorio, verwenden. Es gibt ihn in gut sortierten Supermärkten und ganz sicher in italienischen Spezialitätenläden.

Torta di riso ist für unseren Geschmack ein recht ungewöhnliches Gericht. Aber sie wird sicher einen festen Platz unter Ihren Lieblings-Desserts finden.

Nocciolata

Nußdessert

Zutaten für 4 Personen:
100 g Haselnüsse, gemahlen
4 cl Grappa
3 Eier
75 g Puderzucker
1 Päckchen Vanillinzucker
50 g Mehl
Fett für die Form
Puderzucker zum Bestäuben
200 g Sahne
2 Teel. abgeriebene Schale von
1 unbehandelten Zitrone

Gelingt leicht

Pro Portion etwa:
2300 kJ/550 kcal
11 g Eiweiß · 38 g Fett
38 g Kohlenhydrate

● Zubereitungszeit: etwa 1 Stunde

1. Den Backofen auf 220° vorheizen. Die Haselnüsse mit der Grappa vermischen.

2. Die Eier trennen. Die Eigelbe mit dem Puder- und dem Vanillinzucker schaumig rühren, die Haselnüsse hineingeben.

3. Die Eiweiße steif schlagen und mit dem Mehl gleichmäßig unterarbeiten. In eine gefettete Auflaufform einfüllen.

4. Im Backofen (Mitte) etwa 30 Minuten backen. Eventuell während der letzten 10 Minuten mit Alufolie abdecken. Das Nußdessert mit Puderzucker bestäuben und in der Form servieren. Die Sahne steif schlagen und die Zitronenschale untermischen. Dazu reichen.

Strudel di albicocche

Aprikosenstrudel mit Marzipan

Zutaten für 4–6 Personen:
80 g Butter
1 Ei
380 g Mehl
1 1/2 kg reife Aprikosen
1/4 l trockener Weißwein (ersatzweise Aprikosensaft)
6 cl Grappa nach Belieben
6 Eßl. Zucker
1 Stück Zimtstange
150 g Marzipanrohmasse
Mehl für die Arbeitsfläche
100 g gehobelte Haselnüsse
Butter für die Form
250 g Sahne

Braucht etwas Zeit

Bei 6 Personen pro Portion etwa:
3800 kJ/900 kcal
16 g Eiweiß · 44 g Fett
100 g Kohlenhydrate

● Zubereitungszeit: etwa 2 Stunden

1. 30 g Butter schmelzen und mit dem Ei, 1 Prise Salz und 125 ccm Wasser verrühren. Das Mehl in eine Schüssel sieben, eine Mulde in die Mitte drücken und die Mischung hineingeben. Zu einem geschmeidigen Teig verarbeiten, zu einer Kugel formen und zugedeckt an einem warmen Ort etwa 30 Minuten ruhen lassen.

2. Inzwischen die Aprikosen waschen, entsteinen und in einen Topf geben. Mit dem Weißwein, der Hälfte der Grappa, dem Zucker und der

Zimtstange aufkochen und etwa 3 Minuten köcheln lassen. Die Früchte in einem Sieb gut abtropfen lassen. Den Sud um die Hälfte einkochen und durch ein Sieb gießen.

3. Die Marzipanrohmasse zerdrücken und die restliche Grappa sowie den Sud unterrühren.

4. Den Teig auf einer bemehlten Arbeitsfläche sehr dünn zu einem Rechteck von etwa 50x60 cm ausrollen und auf ein Küchentuch legen. Den Backofen auf 250° vorheizen. Die restliche Butter schmelzen. Eine Bratreine einfetten.

5. Den Teig mit der flüssigen Butter, dann mit der Marzipanmasse bestreichen und mit den Haselnußblättchen bestreuen. Die Aprikosen darauf verteilen, so daß ein etwa 2 cm breiter Rand frei bleibt. Die Teigränder einklappen und den Strudel von der Breitseite her mit Hilfe des Küchentuches einrollen. Vorsichtig zur U-Form biegen und in die Reine legen.

6. Im Backofen (Mitte) etwa 45 Minuten backen. Die Hitze nach etwa 10 Minuten auf 220° schalten. Nach etwa 20 Minuten die Sahne über den Strudel gießen und damit immer wieder bestreichen.

*Bild oben: Nocciolata
Bild unten: Strudel di albicocche*

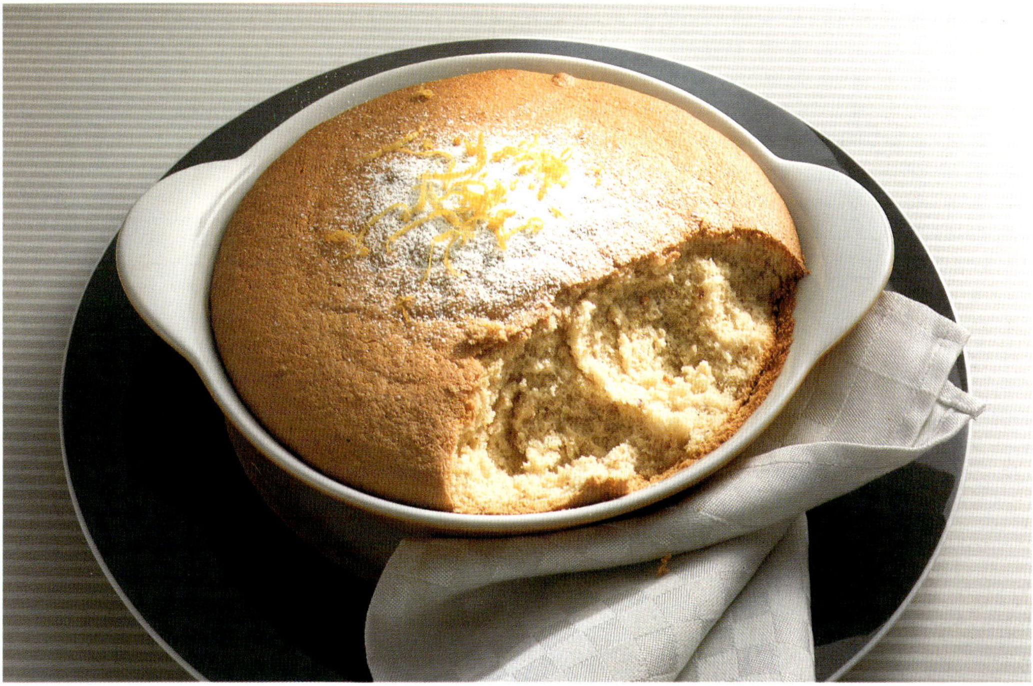

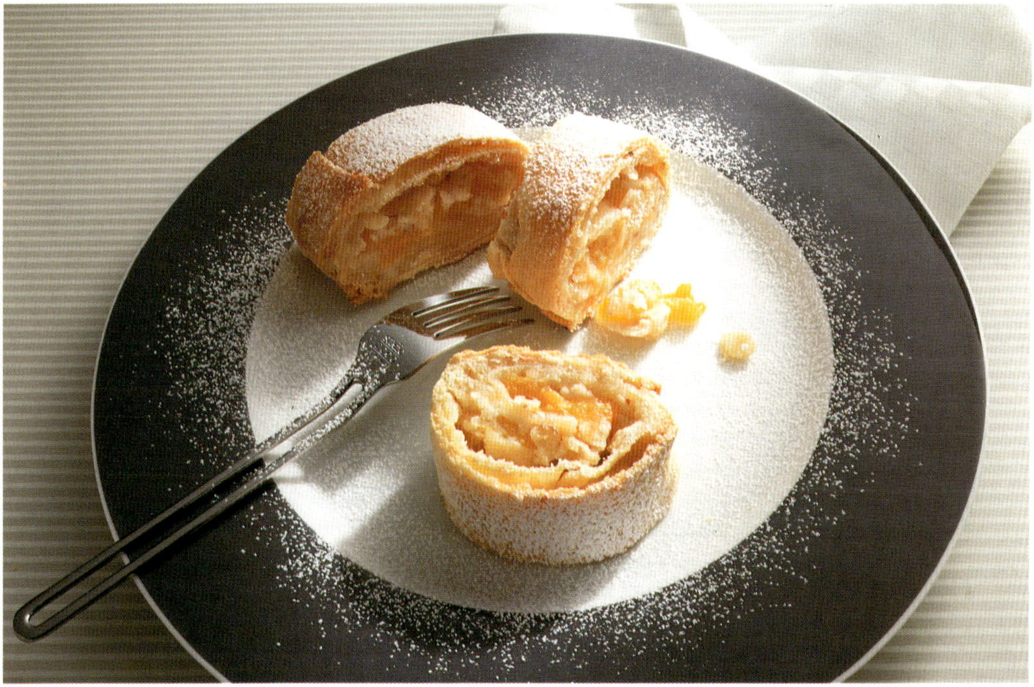

Zum Gebrauch

Damit Sie Rezepte mit bestimmten Zutaten noch schneller finden können, stehen in diesem Register zusätzlich auch beliebte Zutaten wie Aprikosen oder Schokolade – ebenfalls alphabetisch geordnet und halbfett gedruckt – über den entsprechenden Rezepten.

IMPRESSUM

Umschlag-Vorderseite:
Gekochte Sahne mit Erdbeersauce könnte das neue Lieblings-Dessert werden. Das Rezept dazu finden Sie auf Seite 8.

CIP-Kurztitelaufnahme der Deutschen Bibliothek
Dolci, italienische Desserts: unwiderstehlich!; Originalrezepte, die leicht gelingen / Cornelia Adam. (Die Farbfotos gestalteten Odette Teubner und Kerstin Mosny).
– 2. Aufl. – München: Gräfe und Unzer, 1991.
(GU-Küchen-Ratgeber)
ISBN 3-7742-1095-0
NE: Adam, Cornelia; Teubner, Odette

2. Auflage 1991
© Gräfe und Unzer GmbH, München
Alle Rechte vorbehalten. Nachdruck, auch auszugsweise, sowie Verbreitung durch Film, Funk und Fernsehen, durch fotomechanische Wiedergabe, Tonträger und Datenverarbeitungssysteme jeglicher Art, nur mit schriftlicher Genehmigung des Verlages.

Redaktion:
Adelheid Schmidt-Thomé
Layout: Ludwig Kaiser
Typographie: Robert Gigler
Herstellung: Ulrike Laqua
Fotos: Odette Teubner, Kerstin Mosny
Rolf Feuz (Seite 4)
Umschlaggestaltung: Heinz Kraxenberger
Satz: GSD, München
Druck: Appl, Wemding
Reproduktionen: SKU, München
Bindung: Sellier, Freising

ISBN 3-7742-1095-0

Cornelia Adam

arbeitete zunächst als engagierte Hotelfachfrau. Später konnte sie ihre vielfältigen Erfahrungen berufsbedingter Auslandsaufenthalte als Redakteurin einer bekannten deutschen Frauenzeitschrift in Wort und Bild umsetzen. Seit langem arbeitet sie als freiberufliche Food-Journalistin und Kochbuchautorin.

Odette Teubner

wurde durch ihren Vater, den international bekannten Food-Fotografen Christian Teubner ausgebildet. Heute arbeitet sie ausschließlich im Studio für Lebensmittelfotografie Teubner. In ihrer Freizeit ist sie begeisterte Kinderporträtistin – mit dem eigenen Sohn als Modell.

Kerstin Mosny

besuchte eine Fachhochschule für Fotografie in der französischen Schweiz. Danach arbeitete sie als Assistentin bei verschiedenen Fotografen, unter anderem bei dem Food-Fotografen Jürgen Tapprich in Zürich. Seit März 1985 arbeitet sie im Fotostudio Teubner.